MANFRED ROGNER

Meine Schmuckschildkröten

KOSMOS

Lebende Fossilien werden die Schildkröten häufig genannt. Seit Jahrmillionen besiedeln sie die Erde und haben während dieser langen Zeit ihr Aussehen kaum verändert. So wundert es nicht, daß diese archaischen Wesen, an denen die Zeit scheinbar spurlos vorübergeht, die Menschen unterschiedlichster Kulturen schon immer in ihren Bann gezogen haben – und auch heute noch ihre Faszination auf uns ausüben.

Rund um das Tier

Verehrte Panzertiere

Die Schildkröte wird in verschiedenen Religionen als heiliges Tier verehrt. In den asiatischen Kulturen sind Schildkrötendarstellungen auf Bildern, als kleine und monumentale Plastiken Bestandteil der bildenden Künste.

Im Buddhismus gilt die Schildkröte als Symbol der Unsterblichkeit. Geprägt ist diese Anschauung durch den Glauben an die Wiedergeburt und Seelenwanderung. In den Schildkröten sehen die Gläubigen die zeitweisen „Seelenwohnungen“ von Menschen, die sich auf dem Weg ins ewige Nirwana befinden. Eine Störung oder Tötung von Schildkröten ist deshalb absolutes Tabu.

Im Hinduismus gilt die Schildkröte als zweite Inkarnation des Gottes Vishnu. Dieser mächtige Gott soll sich nach einer gewaltigen Sintflut selbst in eine Schildkröte verwandelt haben, so daß auf deren Rücken eine neue Welt entstehen konnte.

Als Symbolgestalt der Kulturgeschichte des alten China, Japan, Indien und vieler anderer Völker gelangte sie auch bis in die indianischen Kulturen des damaligen und heutigen Amerika. Denn Schildkröten spielen auch in der Religion und Mythologie der nordamerikanischen Indianer eine bedeutende Rolle. Den Mythen der Irokesen ist ebenfalls zu entnehmen, daß die Erde auf dem Rücken einer gewaltigen Schildkröte ruht. Und auch in den Mythen der Delawaren haben sich die Menschen einst, als eine Sintflut hereinbrach, auf den Rücken einer riesigen Schildkröte gerettet, die sie als große Insel sicher durch den Ozean trug, so daß ihnen das Meer nichts anhaben konnte.

Faszination Schildkröte

Große Schildkrötenarten wie die Galapagos- und Seychellen-Riesenschildkröten können ein Alter von über 150 Jahren erreichen. Selbst unsere europäischen Landschildkröten, die Griechische, Maurische und Breitrandschildkröte, sollen bis zu 120 Jahre alt werden können. Und von der Madagassischen Strahlenschildkröte ist überliefert, daß ein Exemplar in einem Alter von 189 Jahren starb.

Offenbar spielt die mögliche Größe der Schildkröten eine wesentliche Rolle. Denn die kleinen amerikanischen Dosenschildkröten (Terrapene carolina) können „nur“ etwas über 80 Jahre alt werden. Auch Schmuckschildkröten sollen in der Natur je nach Art ein Alter von 40 bis 75 Jahren erreichen können.

Viele Indianerstämme nehmen auch an, daß Schildkröten über geheimnisvolle Kräfte verfügen. Die Delawaren vermuten sogar, daß Schildkröten jenen Menschen gefährlich werden können, die ihren Unmut erregt haben.

In den meisten indianischen Überlieferungen stehen Schildkröten als Symbol für langes Leben und Beharrlichkeit. Man traut ihnen auch zu, sich selbst von schwersten Krankheiten und Verletzungen wieder zu erholen.

Eine besonders hohe Wertschätzung erfuhren Schildkröten durch die Indianerstämme im Mississippi-Gebiet. Zwar gehörten Schildkröteneier und Schildkröten zur Nahrung mancher Stämme, jedoch wurden sie z. B. von den „Schildkröten-Clans" als Totemtier verehrt. So werden auch heute noch bei ihren Schildkrötentänzen Schmuckschildkrötenpanzer als Rassel oder Schlaginstrument verwendet. Als guten Naturbeobachtern ist den Indianern bekannt, welch hartnäckige Liebhaber um ein Weibchen balzende Schmuckschildkröten-Männchen sind. Daher beziehen sich diese Schildkrö-

Bauchpanzer-Muster der Südlichen Zierschildkröte

tentänze vor allem auch auf die Potenz und Fruchtbarkeit dieser Reptilien. Denn ebenso beeindruckend ist für sie auch die unglaublich große Menge an Nachkommen, die Schildkröten-Weibchen jährlich produzieren können.

Als „Verpackung" ihrer geheimnisvollen „Arzneien" dienen indianischen Medizinmännern manchmal auch Schmuckschildkrötenpanzer. Als Talisman oder Fetisch sollen sie dann ihrem Besitzer Schutz, Gesundheit und Kraft verleihen.

In den Fabeln, Märchen und Sagen vieler Völker spielt die Schildkröte ebenfalls eine Rolle. Meistens wird sie dabei als ein freundliches, hilfsbereites und sympathisches Wesen dargestellt, das durch seine Intelligenz hervorsticht. Welches Kind kennt nicht die Fabel von „The Tortoise and the Hare" (Die Schildkröte und der Hase), die Walt Disney 1934 durch seine klassische Zeichentrickkunst seinerzeit zu neuem Leben erweckte und die mit einem Oscar ausgezeichnet wurde. Darin überlistet die schlaue Schildkröte Toby den Hasen Max. Wir kennen die Fabel in unseren Breiten und in Ermangelung von Schildkröten als „Der Hase und der Igel".

Die Heimat der Schmuckschildkröten

Verbreitungsgebiete

Das Verbreitungsgebiet der Schmuckschildkröten erstreckt sich von Kanada bis Südamerika. In dieser großen Region herrschen sehr unterschiedliche klimatische Bedingungen. Im Norden gibt es teilweise recht strenge Winter mit sehr niedrigen Temperaturen, im Süden immer fast gleichbleibende Temperaturen mit Trocken- und Regenzeiten.

Bei der Wahl ihrer Lebensräume zeigen sich Schmuckschildkröten erstaunlich anpassungsfähig. Dabei bevorzugen sie jedoch vor allem stehende Gewässer. Aber auch langsam fließende Gewässer beherbergen häufig eine größere Schmuckschildkröten-Population.

Zierschildkröten (Chrysemys picta) leben bevorzugt in Kleingewässern wie Tümpeln, Sumpflöchern und wassergefüllten Gräben mit geringer Tiefe. Die übrigen Arten findet man eher in größeren Teichen, ruhigeren Flüssen, Altwasser und Seen. Hieroglyphen-Schmuckschildkröten (Pseudemys concinna), Florida-Schmuckschildkröten (Pseudemys floridana) und die Rotbauch-Schmuckschildkröten (Pseudemys rubriventris) scheinen sogar langsame, tiefe Flüsse oder Seen zu bevorzugen, wobei Pseudemys concinna und Pseudemys rubriventris bis in die Mündungsdeltas, brackigen Küstensümpfe und Lagunen vor-

Einzelne Schildkröten sonnen sich gerne im Schutz der Ufervegetation.

dringen können. Von allen Schmuckschildkröten ist die Zierschildkröte (Chrysemys picta) jedoch die anpassungsfähigste.

Ansprüche an den Lebensraum

Ob ein Gewässer erfolgreich von Schmuckschildkröten besiedelt wird, ist von den folgenden 5 Fakto-

ren abhängig, die jeder Halter von Schmuckschildkröten kennen sollte, damit er ihre Bedürfnisse bei der Haltung berücksichtigen kann.

Wasserqualität und Nahrung

Es ist bemerkenswert, daß Schmuckschildkröten der Wasserqualität gegenüber relativ tolerant sind, sofern genügend Nahrung vorhanden ist. Da sowohl Pflanzen als auch die zur natürlichen Beute gehörenden Tiere gewisse Ansprüche an Gewässer stellen, ist das Vorhandensein von Nahrung ein entscheidender Faktor, der auch über die Besiedlung mit Schildkröten entscheidet.

So findet man Schmuckschildkröten auch in völlig überdüngten Abwasserkanälen, wo sie sich von den zahlreichen Mückenlarven und Schnecken ernähren. Von Zierschildkröten ist bekannt, daß sie gegenüber dem vorhandenen Nahrungsangebot recht anspruchslos sind und sich notfalls fast ausschließlich von Wasserpflanzen oder Wassertieren ernähren können. Vorwiegend Pflanzen verzehrende Schmuckschildkröten bleiben jedoch gegenüber „Fleischfressern“ im Wachstum zurück.

In Gruppen fühlen sich Schildkröten sicherer.

Vorsichtig und aufmerksam sichert die Schildkröte die Umgebung,

Umgebungstemperatur

Das Größenwachstum der Schmuckschildkröten wird auch durch die Umgebungstemperatur beeinflußt. In den wärmeren Abwässern des Kühlsystems eines Atomreaktors konnte man Schmuckschildkröten (Trachemys scripta) nachweisen, deren Körpergröße und Körpergewicht maximale Werte erreicht hatten, da die Temperaturen nicht nur ihren eigenen Stoffwechsel begünstigten, sondern auch den der Beutetiere. Die Dichte der Schmuckschildkröten-Gemeinschaft wird auch durch die Größe und Tiefe des Wohngewässers bestimmt. Während kleine, flache Stillgewässer sich sehr rasch aufheizen und abkühlen, bleiben größere, vor allem tiefere Gewässer für längere Zeiträume temperaturstabil.

Pflanzenwuchs

Sowohl Unterwasser- als auch Schwimmpflanzen bilden oft Polster, in denen sich Schmuckschildkröten gut verbergen bzw. ihre Beutetiere sich entwickeln können. Vor allem Schwimmpflanzen wie Wasserhyazinthen (Eichhornia) bieten gute Versteckmöglichkeiten. Andererseits kann eine geschlossene Wasserhyazinthen-Decke das darunter liegende Wasser zu sehr beschatten und sich negativ auf den Temperaturhaushalt der Schmuckschildkröten und die Beutetierentwicklung auswirken.

Besonnung

Während ihrer Aktivitätsphasen müssen Schmuckschildkröten möglichst täglich ausgiebige Sonnenbäder einlegen können, deren Bedeu-

bevor sie aus dem Wasser steigt.

tung im Kapitel „Verhalten verstehen" (S. 96) näher erklärt wird. Für diese Sonnenbäder benötigen Schmuckschildkröten Plätze, die sich außerhalb des Gewässers, aber möglichst in dessen unmittelbarer Nähe befinden. Sie müssen „sonnenexponiert" liegen und eine rasche Flucht, auch Sturzflucht, ermöglichen. Über den Wasserspiegel ragende Sonnenplätze gelten daher als besonders attraktiv, wie z. B. Baum-

„Gähnend" nimmt die Schildkröte Duftstoffe wahr.

stämme, Steine o. ä. Befinden sie sich dabei auch noch etwas weiter vom Ufer entfernt, vermitteln sie den Schmuckschildkröten ein besonderes Sicherheitsgefühl.

Eiablageplätze

Letzter Faktor, der die Eignung eines Wohngewässers für Schmuckschildkröten bestimmt, ist das Vorhandensein geeigneter Eiablageplätze. Dabei sollten diese möglichst in unmittelbarer Nähe des Gewässers liegen, obwohl Schmuckschildkröten-Weibchen zur Eiablage auch Wanderungen unternehmen und dabei erstaunlich weite Entfernungen zurücklegen können.

Geeignete Eiablageplätze sind überschwemmungssicher und verfügen über einen grabfähigen Boden. Lockere Sandböden an trockenwarmen, leicht ansteigenden Hängen und Böschungen sind besonders vorteilhaft. In den Mündungsbereichen von Flüssen dienen auch Sandbänke häufig als Eiablageplätze. Besonders gut geeignete Eiablageplätze werden manchmal von sehr vielen Weibchen einer Gemeinschaft (Population) aufgesucht, so daß es zu Massenablageplätzen kommt.

Auch an der Oberfläche treibend, sind Sonnenbäder möglich.

Junge Schmuckschildkröten verstecken sich auch gerne unter Blättern.

Erfolgsmodell Schmuckschildkröte

Um eine kranke von einer gesunden Schildkröte unterscheiden zu können, sollte der Halter etwas über die biologischen Eigentümlichkeiten seiner Pfleglinge wissen. Ohne die gültigen Bezeichnungen von Gegenständen, Orten, Personen u. ä. zu kennen, ist unter Menschen eine Verständigung nur schwer möglich. Daher gibt es auch für die Körperteile von Schildkröten bestimmte Bezeichnungen, die sogar international anerkannt sind. Um den Schmuckschildkröten-Halter ebenfalls in die Lage zu versetzen, die üblichen Begriffe zu verwenden, wird auf den Bau der Schmuckschildkröte etwas näher eingegangen.

Bei der Unterscheidung der einzelnen Arten und Unterarten kommt der Kopfzeichnung der Schmuckschildkröten eine besondere Bedeutung zu. Hat man den Bauplan einer Schmuckschildkröte durchschaut, fällt es auch leichter, manche der typischen Verhaltensweisen besser zu verstehen. Darauf wird aber im Kapitel „Verhalten verstehen“ noch viel genauer eingegangen.

Der Panzer

Der Panzer ist mit deutlich unterscheidbaren Hornschildern bedeckt, die in ihrer Anzahl bei allen Schmuckschildkröten übereinstimmen.

Über die Mitte des Rückenpanzers (Carapax) ziehen fünf hintereinanderliegende Wirbelschilder (Centralia), an die sich seitlich je-

Beim Sonnenbaden müssen die Tiere auch einmal völlig abtrocknen können.

weils vier Paare Rippenschilder (Lateralia) anschließen. Umgeben wird der Rückenpanzer von vielen kleineren Schildern, den Randschildern (Marginalia). Das hinter dem Kopf liegende schmale Nackenschild (Praecentrale) und ein Paar Schwanzschilder (Postcentralia) gehören nicht zu den eigentlichen Randschildern.

Manchmal kommt es durch meist unbekannte Einflüsse während der Entwicklung im Ei zu Panzermißbildungen oder Unregelmäßigkeiten in der Schilderanordnung. Es gibt Exemplare mit übermäßigen Wirbel-, Rippen- und/oder Randschildern.

Den Bauchpanzer (das Plastron) bedecken sechs Schilderpaare, deren Bezeichnungen und Anordnungen man der Abb. S. 18 entnehmen kann. Die sogenannte „Brücke" wird durch die Brust- und Bauchschilder gebildet, die mit den Randschildern 4–7 verbunden sind. Je ein deutlich erkennbares Achselschild (Axillare) befindet sich an der Vorderkante dieser Brücke und

an deren entgegengesetztem Ende liegt je ein relativ großes Hüftschild (Inguinale).

Der Kopf

Der Kopf ist bei Schmuckschildkröten gewöhnlich recht kurzschnäuzig und stumpf. Ausnahmen bilden die beiden Trachemys scripta-Unterarten „grayi" und „venusta". Bei ihnen ist die Nasenpartie deutlich verlängert und fast spitz zulaufend. Anstelle von Zähnen besitzen Schildkröten sehr scharfkantige Hornschneiden. Bei Schmuckschildkröten sind diese je nach Art recht unterschiedlich geformt.

Die Gliedmaßen

Die Gliedmaßen der Schmuckschildkröten sind bei allen Arten einheitlich gebaut. Ihre Vordergliedmaßen sind relativ schlank und mit fünf Krallen ausgestattet. An den kräftigeren Hintergliedmaßen findet man dagegen nur vier Krallen, aber sehr ausgeprägte Schwimmhäute. Mit ihnen können die Schildkröten nicht nur kräftige Schwimmbewegungen machen, sondern sie beim Sonnenbaden als „Solarfläche" benutzen.

Färbung und Zeichnung

Die interessante Zeichnung ist schließlich für die deutsche Bezeichnung dieser attraktiven Schildkröten verantwortlich, denn ihr Panzer, ihr Kopf und ihre Gliedmaßen sind sehr auffällig gefärbt.

Vor allem Jungtiere besitzen eine arttypische Schlüpflingzeichnung, die sich im Laufe des Wachstums jedoch erheblich verändert. Vor allem am Kopf, an den Gliedmaßen, aber auch auf dem Schwanz befindet sich eine auffällige Streifenzeichnung. Manche Exemplare werden im Alter immer dunkler, so daß von der ursprünglichen Färbung und

Wie alt können Schildkröten werden?

Junge und alte Schmuckschildkröten

Sicherlich hast Du schon einmal gehört, daß Schildkröten sehr alt werden können. In manchen Geschichten und Comics wird der Eindruck erweckt, daß einzelne Schildkröten ohne weiteres über einhundert oder sogar mehrere hundert Jahre alt werden können. Wie aber könnte man dies wirklich feststellen?

Mit dem Körperwachstum müssen auch die Hornschilder des Panzers mitwachsen. Bei genauem Hinsehen erkennt man in der Mitte der einzelnen Hornschilder – vor allem bei jungen Schildkröten – ein zentrales Feld, das als Areole bezeichnet wird. In der Jugend ist die Oberfläche der Areolen körnig, wird aber im Laufe des Wachstums immer glatter. In jeder Wachstumsphase lagern sich um die Areole wulstige Anwachsstreifen an, so daß man Vergleiche mit den Jahresringen eines durchgesägten Baumstammes anstellen kann. Im Gegensatz zu den Bäumen lagern Schildkröten jedoch im Laufe eines Jahres 1 bis 3 Wachstumsringe an, die bei Landschildkröten auch recht lange sichtbar bleiben. Bei Schmuckschildkröten wird der Panzer jedoch bald immer glatter, und das Zählen der Wachstumsringe ist kaum noch möglich. Deshalb läßt sich das Alter der Schildkröten an den Wachstumsringen nicht feststellen. Es war daher immer ganz interessant, wenn man bestimmte Schildkröten über Jahrzehnte beobachten konnte – eventuell in einem Privatpark, Zoo oder einem Wildreservat –, um das genaue Alter wirklich zu kennen.

Auch der Schmuckschildkröten-Halter kann wertvolle Erkenntnisse bei der Haltung seiner Tiere gewinnen und diese in einem Tagebuch festhalten. In dem Tagebuch wird notiert, wann man die einzelne Schildkröte gekauft hat, wie lang der Panzer war und was sie wog. Von diesem Zeitpunkt an ist es sinnvoll, in Abständen von 1–2 Monaten weitere Messungen vorzunehmen und interessante Beobachtungen stets mit Datum zu notieren. (Als Deckblatt für das Tagebuch kannst Du ja den Tierpaß auf Seite 125 nehmen!)

Zeichnung nur wenig übrig bleibt. Bei der genauen Bestimmung der jeweiligen Art kommt der Kopfzeichnung und –färbung eine besondere Bedeutung zu. Im Prinzip besteht sie aus einem Längsstreifenmuster, das am Auge und/oder Ohr beginnt und sich über die Seiten und das Kinn und weiter über den Hals zieht. Dabei gibt es schmalere und breitere Streifen, die z. T. parallel nebeneinander verlaufen. Die Farben können zwischen weiß bis gelblich, rötlich und bis zu einem Orangerot variieren.

Im Kehlbereich bilden diese Streifen oder Linien oft arttypische Muster oder werden durch eine Fleckenzeichnung ersetzt. Vier Streifen sind dabei von besonderer Bedeutung.

Besonders bemerkenswert ist der Schläfenstreifen (Postorbital- oder Temporalstreifen), der für die jeweilige Art oder Unterart besonders charakteristisch ist. Häufig ist er an einer Stelle extrem verbreitert oder unterbrochen, so daß ein isolierter oder nur schwach mit dem Streifen verbundener Fleck gebildet wird.

Der Augenstreifen (Orbitocerevicalstreifen) verläuft vom Auge aus leicht nach unten und kann sich ebenfalls verbreitern oder Ausläufer bilden.

Der sich nur geringfügig verbreiternde Unterkieferstreifen (Mandibular- oder Rictalstreifen) beginnt ungefähr auf der Mitte eines jeden Unterkieferastes.

Zu erwähnen wäre noch der Kehlstreifen (Symphysealstreifen). Dieser kann sich stellenweise ebenfalls verbreitern oder zu Kehlflecken auflösen.

Äußere Geschlechtsmerkmale

Bei Sumpfschildkröten (Familie Emydidae) bleiben die Männchen gewöhnlich deutlich kleiner als die Weibchen. Außerdem ist der Rückenpanzer der Männchen in der Regel etwas flacher und der Bauchpanzer schmaler und manchmal leicht konkav eingedellt. Zudem besitzen erwachsene Männchen einen wesentlich längeren und an der Basis viel breiteren Schwanz als die Weibchen, deren Kloakenöffnung sich auch näher am Panzerrand befindet.

Ein weiteres sekundäres Geschlechtsmerkmal ist sogar typisch für einige Schmuckschildkröten, da dieses bei keiner anderen Schildkrötengruppe oder Art zu finden ist: Die geschlechtsreifen Männchen aus der nördlichen Hälfte des Verbreitungsgebietes besitzen an den Vordergliedmaßen extrem verlängerte Krallen. Diese können sogar doppelt

Schmuckschildkröten – Fachsprache

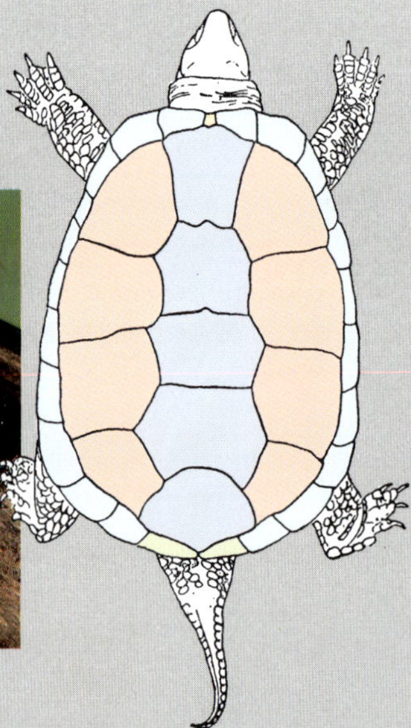

Rückenpanzer (Carapax)

- Nackenschild (Praecentrale)
- Randschilder (Marginalia)
- Wirbelschilder (Centralia)
- Rippenschilder (Lateralia)
- Schwanzschilder (Postcentralia)

Rückenansicht (Dorsalansicht) einer Schmuckschildkröte

Brustpanzer (Plastron)

- Kehlschilder (Gularia)
- Armschilder (Humeralia)
- Achselschilder (Axillaria)
- Brustschilder (Pectoralia)
- Bauchschilder (Abdominalia)
- Schenkelschilder (Femuralia)
- Afterschilder (Analia)

Bauchansicht (Ventralansicht) einer Schmuckschildkröte

Kopfzeichnung

so lang wie die der Weibchen sein. Auf Laien wirken die langen Krallen oft kurios, so daß sie selbst von manchem Tierarzt als krankhaft eingestuft und gekürzt werden, ähnlich wie verlängerte Krallen bei Käfigvögeln. Tatsächlich haben diese verlängerten Krallen jedoch eine entscheidende Bedeutung bei der Werbung um eine Partnerin.

Innere Organe

Der Blutkreislauf von Reptilien wird durch zwei getrennte Vorkammern mit nur einer gemeinsamen Herzkammer gewährleistet. Dadurch ist keine klare Trennung des sauerstoffarmen und sauerstoffreichen Blutes möglich.

Ebenfalls gut entwickelt ist auch das Lymphgefäßsystem der Schmuckschildkröten. Zwei nahe dem Darmbein gelegene Lymphherzen sorgen für den Antrieb.

Der Bau und die Funktion der Lungen werden im Kapitel „Verhalten verstehen" näher erläutert, da sie bestimmte Verhaltensweisen erst ermöglichen.

Der Verdauungstrakt entspricht dem aller Wirbeltiere, jedoch mündet der Enddarm in einer Kloake.

Die Zunge besitzt Geschmackspapillen, mit denen Ungenießbares erkannt werden kann.

Männliche Schmuckschildkröten besitzen einen erektionsfähigen Penis, der in der Ruhe in der Kloake und Schwanzwurzel gelagert wird. Ihre paarige Hoden liegen tief in der Leibeshöhle.

Zwei blind endende Hohlräume (Analsäcke) ragen ebenfalls weit in die Leibeshöhle hinein. Schmuckschildkröten können in ihnen aktiv Wasser aufnehmen. Sie sind dadurch im Wasser nicht nur in der Lage, ihr spezifisches Gewicht zu verändern, sondern sie können über die Analsack-Schleimhäute Sauerstoff aufnehmen und Kohlendioxid abgeben. Des weiteren helfen diese „Wassertanks" vor der Eiablage oft, den Boden grabfähig zu machen, indem die Weibchen über dem Eiablageplatz ihre Analsäcke entleeren.

Häufige oder gelegentlich im Handel angebotene Arten werden auf den folgenden Seiten porträtiert. Dabei steht die deutsche Bezeichnung an erster Stelle, die wissenschaftliche in Klammern dahinter. Beim Studium weitergehender Literatur ist vor allem die wissenschaftliche Bezeichnung wichtig. Bei der Fülle an Fotos erübrigen sich langatmige Beschreibungen der Tiere. Es wird lediglich auf einige markante Merkmale hingewiesen.

Beliebte Arten im Porträt

Gattung Chrysemys

Östliche Zierschildkröte

(*Chrysemys picta picta*, Schneider 1783)
Verbreitung: Südkanada, USA (Nova Scotia bis Nordgeorgia).
Panzerlänge: Bis 25 cm.
Merkmale: Heller Saum entlang der Rippenschilder, Bauchpanzer gelb und manchmal mit schmalem Mittelstreifen.

Südliche Zierschildkröte

(*Chrysemys picta belli*, Gray 1831)
Verbreitung: Südkanada (Südwestliches Ontario bis Vancouver-Island), USA (Washington und Nordoregon, nach Süden bis Missouri und Wisconsin, isolierte Vorkommen in New Mexiko, Südutah und Südwestcolorado), Mexiko (Nordchihuahua).
Panzerlänge: Weibchen bis 25 cm.
Merkmale: Im Jugendstadium gelbliches bis rötliches strahlenförmiges Netzmuster auf leuchtend olivgrünem Grund. Bauchpanzer rötlichgelb bis gelb, entlang der Mittelnaht mit symmetrisch angeordneter dunkler Figur. Kopf und Weichteile grünlichgrau mit gelblichen und rötlichen Streifen.

Oben: Östliche Zierschildkröte
Unten: Südliche Zierschildkröte

Rückenstreifen-Zierschildkröte

(*Chrysemys picta dorsalis*, Agassiz 1857)
Verbreitung: USA (Louisiana, Arkansas, Osttexas bis Alabama und südöstliches Missouri).
Panzerlänge: Männchen bis 10 cm, Weibchen bis 15 cm.
Merkmale: Erinnert sehr an die Östliche Zierschildkröte, jedoch findet man bei dieser Unterart einen charakteristischen gelben bis rötlichen Rückenstreifen, vor allem bei Jungtieren.

Rückenstreifen-Zierschildkröte

Westliche Zierschildkröte

(*Chrysemys picta marginata*, Agassiz 1857)

Verbreitung: Kanada (Südquebec und Südontario), USA (New York und Hampshire bis Tennessee und Illinois).

Panzerlänge: Männchen bis 10 cm, Weibchen bis 17 cm.

Merkmale: Rückenpanzer völlig zeichnungslos und einfarbig. Auf dem Bauchpanzer findet man entlang der Längsnähte eine dunkle Zeichnung. Am Kopf befinden sich gelbe Streifen, am Hals sind alle Streifen gewöhnlich rot.

Gattung Pseudemys

Alabama-Rotbauch-Schmuckschildkröte

(*Pseudemys alabamensis*, Baur 1893)

Verbreitung: USA (Alabama, im Bereich der Mobile Bay).

Panzerlänge: 22 bis 33 cm.

Merkmale: Der oliv bis schwärzlich gefärbte Rückenpanzer ist etwas stärker gewölbt und entlang der Wirbelschilder erhöht. Die hinteren Randschilder sind gesägt. Auf den Rippen- und Randschildern findet man rote bis gelbe Balken, das zweite Rippenschild hat breite, helle, im Zentrum querverlaufende Balken, die ein Y bilden. Der rötlichgelbe Bauchpanzer kann ein gesprenkeltes Muster haben, manchmal auch auf dem Rückenpanzer und der Brücke. Der Oberkiefer ist gekerbt. Am Kopf befinden sich parallel verlaufende

Junge Rückenstreifen-Zierschildkröte

gelbe Streifen, die aber im hinteren Augenbereich nicht zusammentreffen!

Hieroglyphen-Schmuckschildkröte

(*Pseudemys concinna*, LeConte 1829)

Verbreitung: USA (Südillinois, Ostvirginia und Florida), Mexiko (Coahuila, Nuevo Leon, Tamaulipas).

Panzerlänge: 24 bis 40 cm.

Merkmale: Rückenpanzer flach, recht breit und mit einem Mittelkiel. Hinterrand etwas gesägt. Das zweite Rippenschild besitzt eine deutliche C-förmige Markierung. Jungtiere haben eine grünliche bis bräunliche Grundfärbung, darauf befindet sich ein Muster aus gelblichen Ringen und Linien. Bauchpanzer gelblich bis orange mit zentraler dunkler Figur entlang des Saumes. Auf der Brücke einschließlich Hüftschild dunkle Zeichnung. Hals und Gliedmaßen olivgrün und gelb gestreift. Am Unterkiefer beginnt ein besonders markanter Streifen, zieht bis zum Hals und verbindet sich dort mit einem Streifen, der vom Augenunterrand herunterzieht. Dadurch entsteht eine Y-Zeichnung. Männchen bleiben kleiner und haben gerade ausgerichtete, verlängerte Krallen an den Vorderbeinen.

Junge Hieroglyphen-Schmuckschildkröte

Erwachsene Hieroglyphen-Schmuckschildkröte

Florida-Schmuckschildkröte

(*Pseudemys floridana*, LeConte 1829)

Verbreitung: USA (Küstenbereiche von Louisiana bis Florida und Nordkarolina).

Panzerlänge: Männchen bis 20 cm, Weibchen bis 40 cm.

Merkmale: Der bräunlich-grünliche Rückenpanzer ist im hinteren Bereich nur schwach gesägt. Ein schwacher Mittelkiel ist vorhanden, verliert sich aber immer mehr. Das zweite Rippenschild besitzt keine C-förmige Markierung. In der Jugend ist der Rückenpanzer mit zahlreichen Augenflecken bedeckt, die zum Teil ineinander fließen. Später bleibt nur ein verwaschenes Netz-

Florida-Rotbauch-Schmuckschildkröte

werk übrig, bzw. auf den Rippenschildern befindet sich eine undeutliche Querbarrenzeichnung. Der Bauchpanzer ist gelb bis blaßgelb und ungefleckt. Brücke einschließlich Hüftschild sind zeichnungslos.

Höchstens im hinteren Inframarginalbereich findet man schwach angedeutete dunkle Markierungen und unter den Randschildern mehr oder weniger deutliche Augenflecken (Ozellen). Die braune bis schwärzliche Haut der Weichteile ist mit gelben Längsstreifen ausgestattet. Ihre Kopfzeichnung erinnert an die von Pseudemys concinna, auch die Gabelzeichnung hinter den Augen. Männchen besitzen verlängerte Krallen an den Vorderbeinen.

Florida-Rotbauch-Schmuckschildkröte

(*Pseudemys nelsoni*, Carr 1838)
Verbreitung: USA (Florida und südöstliches Georgia)
Panzerlänge: Bis 34 cm.
Merkmale: Der Rückenpanzer ist hoch gewölbt und sehr variabel gefärbt. Auf der schwarzen Grundfarbe findet man auf jedem Rippen- und Randschild gewöhnlich rote oder gelbe Markierungen. Auf dem

Junge Florida-Rotbauch-Schmuckschildkröte

Junge Rotbauch-Schmuckschildkröte

2. Rippenschild verläuft oft zentral ein helles Band, das an ein Y erinnert. Der rötlich-orange Bauchpanzer ist hin und wieder dunkel gefleckt. Auf der schwarzen Kopfhaut befinden sich gelbe Streifen, die oben einen Pfeil bilden. Die Krallen an den Vorderbeinen der Männchen sind leicht gebogen.

Rotbauch-Schmuckschildkröte

(*Pseudemys rubriventris*, LeConte 1829)

Verbreitung: USA (Ostmassachusetts und Zentral-New Jersey bis nordöstliches Nordkarolina).

Panzerlänge: Bis 40 cm.

Merkmale: Der Rückenpanzer ist in der Mitte gewöhnlich am höchsten und flacht dahinter ab. Sehr große Exemplare haben auf dem Rückenpanzer seitlich verlaufende Furchen. Auf dem 2. Rippenschild befindet sich keine C-förmige Markierung. Der braune bis schwarze Rückenpanzer besitzt auf jedem Rippen- und Randschild rote oder gelbe Markierungen. Dabei bilden sie auf den Rippenschildern je einen Balken. Der rote oder rosafarbene Bauchpanzer zeigt entlang des Saumes eine zentrale dunkle Figur.

Gattung Trachemys

Gelbwangen-Schmuckschildkröte

(*Trachemys scripta scripta*, Schoepff 1792)

Verbreitung: Osten und Südosten der USA.

Panzerlänge: Männchen bis 18 cm, Weibchen bis 27 cm.

Merkmale: Dunkler, hoher Rücken-

Gelbwangen-Schmuckschildkröte

Erwachsene Südamerikanische Schmuckschildkröte

panzer mit deutlichen gelben Querbarren auf jedem Rippenschild. Der Bauchpanzer ist einfarbig hell. Ihr Schläfenfleck ist gelb und abwärts zeigend.

Südamerikanische Schmuckschildkröte

(*Trachemys scripta callirostris*, Gray 1855)

Verbreitung: Lebt in den karibischen Abflüssen von Kolumbien bis Venezuela.

Panzerlänge: Bis 25 cm.

Merkmale: An der Unterseite der Schnauze und an Ober- und Unterkiefer große Anzahl von Augenflecken. Der breite rötliche, parallel verlaufende Supratemporalstreifen ist gut vom Auge abgesetzt. Auf dem Rückenpanzer findet man große, gelblich gerandete Augenflecken. Der Bauchpanzer ist mit dunklen Linien durchzogen.

Mexikanische Schmuckschildkröte

(*Trachemys scripta cataspila*, Günther 1885)

Verbreitung: Mexiko (Küstenbereich des Golfes von Mexiko, vom Nordosten Tamaulipas bis zur Gren-

Junge Südamerikanische Schmuckschildkröte

ze von Punta del Morro, Veracruz).

Panzerlänge: Bis 22 cm.

Merkmale: Der gelbe Supratemporalstreifen ist an der Schläfe breit. Auf den Rippenschildern und Rand-

Männliche Rotwangen-Schmuckschildkröte

schildern findet man dunkel zentrierte Augenflecken. Auf dem Bauchpanzer befindet sich ein Muster, das bis zum äußeren Ende der Analschilder reicht.

Venezuela-Schmuckschildkröte

(*Trachemys scripta chichiriviche*, Pritchard & Trebbau 1984)

Verbreitung: Bewohnt kleine Küstenflüsse zwischen dem Rio Tocuyo und Morón im nördlichen Venezuela.

Panzerlänge: Bis 32,5 cm.

Merkmale: Am Kinn befinden sich Augenflecken, der keilförmige Supratemporalstreifen ist rötlichbraun und gut vom Auge abgesetzt. Auf den Rippenschildern sind ovale oder unregelmäßige schwarze Flecken. Das Muster auf dem Bauchpanzer besteht aus einer dunklen Zeichnung entlang des Mittelsaumes, das bei älteren Exemplaren abschwächt.

Rotwangen-Schmuckschildkröte

(*Trachemys scripta elegans*, Wied 1839)

Verbreitung: USA, Mexiko (Im Mississippital von Illinois bis zum Golf von Mexiko).

Panzerlänge: Bis 28 cm.

Merkmale: Typischer Schmuckschildkrötenpanzer. Breiter orangefarbener oder rötlicher Schläfen-

Junge Nicaragua-Schmuckschildkröte

Erwachsene Mittelamerikanische Schmuckschildkröte

streifen, schmale Kinnstreifen. Auf jedem Rippenschild befinden sich gelbe Querstreifen. Das Muster auf dem Bauchpanzer besteht aus schwarzen Flecken oder einem Augenfleck auf jedem Schild.

Nicaragua-Schmuckschildkröte

(*Trachemys scripta emolli*, Legler 1990)

Verbreitung: Nicaragua und Costa Rica.

Pfauenaugen-Schmuckschildkröten

Panzerlänge: Bis 40 cm.

Merkmale: Eng mit der Mittelamerikanischen Schmuckschildkröte (T. s. venusta) verwandt. Der Schläfenstreifen ist breit und in Trommelfellhöhe eingeschnürt oder vollständig unterbrochen, wodurch eine einzelne Markierung entsteht. Unterkieferstreifen einzeln, aber relativ lang, deutlich länger als die einzelne Schläfenmarkierung. Kehlstreifen mit dem Nackenstreifen verbunden. Bauchpanzer verhältnismäßig kurz, hinterer Lappen schmal.

Pfauenaugen-Schmuckschildkröte

(*Trachemys scripta ornata*, Gray 1831)

Verbreitung: Küstenbereich des Pazifik in Mexiko, vom nördlichen Sinaloa bis Zentral-Oaxaca, und von Guatemala durch Zentralamerika bis Kolumbien.

Panzerlänge: Bis 38 cm.

Merkmale: Auf den Rippenschildern

befinden sich deutliche Augenflecken, die zum Teil untereinander verbunden sind. Der Kehlstreifen wird etwa in der Kinnmitte in zwei deutliche Teile unterbrochen.

Mittelamerikanische Schmuckschildkröte

(*Trachemys scripta venusta*, Gray 1855)

Verbreitung: Von Veracruz (Mexiko) bis Honduras (inklusive Yucatanhalbinsel) in den Flüssen, die in den Atlantik und Golf fließen.

Ältere Antillen-Schmuckschildkröte

Panzerlänge: Bis 48 cm.

Merkmale: Die dunkel zentrierten Augenflecken auf den Rippenschildern sind sehr groß, der Supratemporalstreifen reicht bis zum Auge. Das saumfolgende Muster auf dem Bauchpanzer ist ausgedehnt.
Sie haben eine verlängerte Nase.

Antillen-Schmuckschildkröte

Antillen-Schmuckschildkröte

(*Trachemys terrapen*, Lacepede 1788)

Verbreitung: Einige Antilleninseln (Jamaika, Cat Island, Eleuthera, Andros, Paradise Island (Bahamas).

Panzerlänge: Bis 27 cm.

Merkmale: Rückenpanzer meist einfarbig braun oder oliv, am Rand manchmal unregelmäßig schwarz gemasert. Bei jüngeren Exemplaren manchmal verwaschene Reste einer Ozellenzeichnung auf den Rand- und Rippenschildern. Im Alter werden die Tiere entweder sehr dunkel bis schwarz oder Grundfarbe hellt auf, und zurück bleibt eine kontrastreiche Schwarzweißzeichnung.

Schmuckschildkröten gehören zu den wenigen Schildkröten, die in Farmen jährlich in riesigen Mengen gezüchtet und im Zoohandel angeboten werden. Damit stellen sie eine hervorstechende Ausnahme dar, denn die Zucht von Schildkröten gilt immer noch als schwierig und setzt gute Kenntnisse über die Biologie dieser Tiere voraus. Als lebende Fossilien verdienen Schildkröten unsere besondere Achtung.

GUT VERSORGT

Passen Schmuckschildkröten in Ihr Leben?

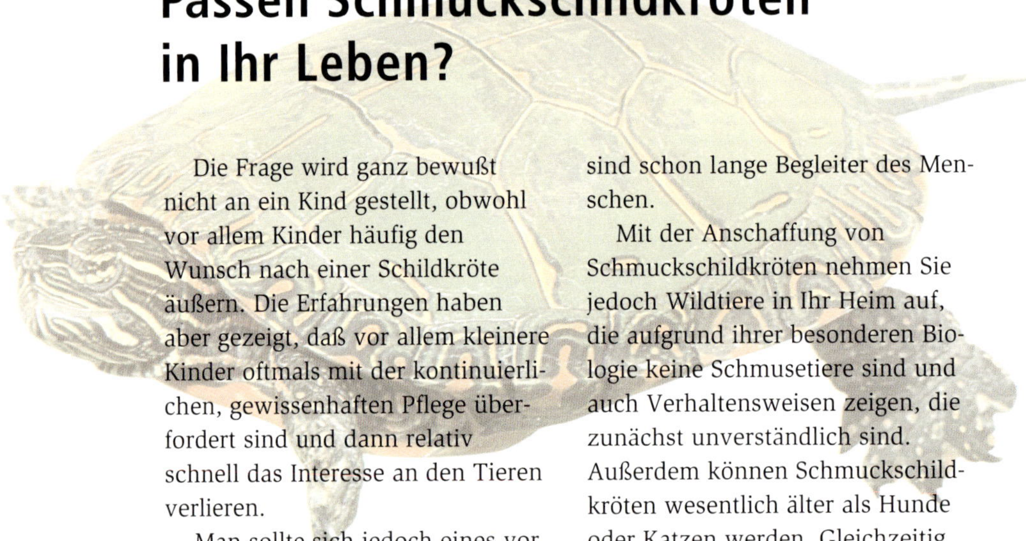

Die Frage wird ganz bewußt nicht an ein Kind gestellt, obwohl vor allem Kinder häufig den Wunsch nach einer Schildkröte äußern. Die Erfahrungen haben aber gezeigt, daß vor allem kleinere Kinder oftmals mit der kontinuierlichen, gewissenhaften Pflege überfordert sind und dann relativ schnell das Interesse an den Tieren verlieren.

Man sollte sich jedoch eines vor Augen halten: Die Heimtierhaltung, auch die in Aquarien und Terrarien, ist ein wichtiger Erziehungsfaktor, vor allem in einer Zeit, in der Stadtmenschen sich durch ihre Umwelt immer mehr der Natur entfremden. Der vor allem bei Kindern – aber auch Erwachsenen – unterschwellige Wunsch nach einem Stückchen Natur führt oft unbewußt dazu, daß Menschen sich Pflanzen und Tiere in ihre Wohnräume holen. Dort können sie sich an ihrem Anblick und Gedeihen erfreuen und manche biologischen Zusammenhänge oft leichter begreifen.

Mit der Anschaffung eines Hundes oder einer Katze bekommen Sie normalerweise auch ein neues Familienmitglied, mit dem man schmusen und sich in einem bestimmten Rahmen auch verständigen kann. Denn diese Haustiere sind schon lange Begleiter des Menschen.

Mit der Anschaffung von Schmuckschildkröten nehmen Sie jedoch Wildtiere in Ihr Heim auf, die aufgrund ihrer besonderen Biologie keine Schmusetiere sind und auch Verhaltensweisen zeigen, die zunächst unverständlich sind. Außerdem können Schmuckschildkröten wesentlich älter als Hunde oder Katzen werden. Gleichzeitig beanspruchen erwachsene Schmuckschildkröten ein recht umfangreiches und pflegeaufwendiges Aquaterrarium.

Testen Sie sich vor dem Kauf

Um Ihnen bei der Entscheidung für oder gegen Schmuckschildkröten behilflich zu sein, testen Sie sich bitte selbst. Wenn Sie alle oder zumindest die meisten der 13 Fragen mit einem „Ja" beantworten können, dann zögern Sie nicht. Aber lesen Sie trotzdem erst einmal in Ruhe dieses Buch! Die Haltung und Beschäftigung mit Schmuckschildkröten wird auf alle Fälle nicht spurlos an Ihnen vorübergehen. Sie werden erleben, daß auch Schildkröten individuelle Lebewesen sind, mit vielen persönlichen Eigenarten, die Sie wahrscheinlich nicht für möglich gehalten hätten.

Vor dem Kauf überlegen

13mal „Ja" zu Schmuckschildkröten

- ○ Haben Sie oder ein anderes Familienmitglied immer genügend Zeit, um Ihre Schmuckschildkröten zu versorgen und ihr Terrarium in Ordnung zu halten?
- ○ Freut sich jeder in der Familie über die neue Anschaffung?
- ○ Haben Sie genügend Platz, um die Schmuckschildkröten auch nach dem Erreichen ihrer Endgröße in einem Zimmerterrarium pflegen zu können?
- ○ Gibt es einen Hauptverantwortlichen für die Pflege der Schmuckschildkröten?
- ○ Werden Sie die 40 oder mehr Lebensjahre Ihrer Schmuckschildkröten voraussichtlich immer für sie da sein können?
- ○ Besitzen Sie genügend „Kleingeld", um die in der ersten Zeit ständig notwendig werdenden größeren Aquarien und leistungsfähigen Aquarienfilter und Lampen bezahlen zu können?
- ○ Stört es Sie nicht, wenn das Wasser plötzlich einen unangenehmen Geruch verbreitet oder eine unangenehme Verfärbung annimmt – und außerplanmäßig gewechselt werden muß?
- ○ Besitzen Sie einen nach Süden ausgerichteten Balkon oder Garten, um Ihren Schmuckschildkröten auch Sonnenbäder im Freien anbieten zu können?
- ○ Können Sie ohne Ekelgefühle auch sehr verschmutztes Wasser wechseln und Filterpumpen reinigen?
- ○ Sind Sie eventuell bereit, auf den Urlaub zu verzichten, wenn Sie für die Schmuckschildkröten-Pflege keine Urlaubsvertretung finden?
- ○ Haben Sie einen etwa 4-8°C kühlen Raum oder alten Kühlschrank, in dem die dafür vorgesehenen Schmuckschildkröten ihre Winterruhe verbringen können?
- ○ Kennen Sie einen Tierarzt, der sich fachlich auch gut mit Schildkröten auskennt, falls Ihre Schmuckschildkröten einmal krank werden?
- ○ Sehen Sie nach all diesen Fragen der Schmuckschildkröten-Anschaffung noch immer mit Freude entgegen?

Junge Schmuckschildkröten verführen oft zu Spontankäufen.

Wenn Sie sich entschieden haben, Schmuckschildkröten in Ihr Heim zu holen, lassen Sie sich dennoch etwas Zeit damit. Informieren Sie sich erst einmal über die Biologie der Tiere und welche Arten Ihnen am besten gefallen. Planen und beschaffen Sie in Ruhe das notwendige Aquaterrarium und richten Sie es erst einmal ein. Was Sie dafür benötigen, können Sie auf einen Blick der Checkliste auf Seite 39 entnehmen.

Entscheiden Sie sich für robuste Arten wie z. B. Zierschildkröten (Chrysemys picta) oder andere nordamerikanische Formen, bietet sich auch das Anlegen eines Teiches an. Ist er bereits vorhanden, muß er ausbruchssicher gemacht werden. Aber auch Zierschildkröten müssen in den kühlen Monaten in einem Zimmerterrarium gehalten werden.

Zwischendurch erkundigen Sie sich einmal, wo Sie die gewünschten Schmuckschildkröten erwerben können. Fragen Sie im Zoofachhandel oder wenden Sie sich an einen guten Züchter.

So findet man Züchteradressen

Neben einigen Terrarianervereinen (Adressen siehe Seite 119) gibt es auch zahlreiche Landesverbände und Ortsvereine, deren Anschriften Sie von den oben erwähnten Vereinen erhalten können. Als Mitglied z. B. der DGHT e.V. erhält man viermal im Jahr ein Anzeigenjournal, in dem unter anderem auch verhältnismäßig viele erwachsene Schmuckschildkröten angeboten werden. Ab und zu befinden sich darunter auch etwas seltenere Arten.

So erkennen Sie einen guten Züchter

Schildkröten in Menschenobhut zu vermehren, ist eine Kunst und setzt gute Vorkenntnisse über die Biologie dieser Tiere voraus. Daher kann man bei Nachzuchten davon ausgehen, daß es sich beim Halter der Elterntiere um einen Fachmann bzw. eine Fachfrau handelt. Schauen Sie sich dennoch die Anlage des Anbieters an. Dann können Sie wirklich erkennen, ob alles mit rechten Dingen zugeht.

Außerdem erhalten Sie Informationen darüber, unter welchem Aufwand die erwachsenen Schmuckschildkröten später zu halten sind.

Beim Kauf beachten

Die meisten Schmuckschildkröten sind gewöhnlich frei verkäuflich und unterliegen keinen Schutzbestimmungen. Eine Ausnahme bildet die Rotwangen-Schmuckschildkröte (Trachemys scripta elegans), für deren Handel man eine Genehmigung der zuständigen Landschaftsbehörde benötigt.

Führen Sie vor dem Kauf den Gesundheitscheck durch (siehe Kasten Seite 64). Mit der Anschaffung übernehmen Sie auch die Verantwortung für die Tiere. Die Vernachlässigung oder nicht artgerechte Unterbringung kann als Verstoß gegen das Tierschutzgesetz geahndet werden.

Schmuckschildkröten aus zweiter Hand

Wie bereits erwähnt, werden Schmuckschildkröten vielen Pflegern mit der Zeit zu groß, oder ein

Junge Hieroglyphen-Schmuckschildkröte (Pseudemys concinna)

Checkliste für den Kauf

- ○ Haben Sie die meisten Fragen auf S. 35 mit „Ja" beantwortet?
- ○ Entspricht die Schmuckschildkrötenart Ihren Vorstellungen und Pflegemöglichkeiten?
- ○ Haben die Schmuckschildkröten die von Ihnen geplante Größe (Terrariengröße beachten)?
- ○ Gehen die Schmuckschildkröten bereitwillig an ihr Futter?
- ○ Bewegen sie sich frei und ungehindert im Terrarium?
- ○ Ist die Schmuckschildkröte bzw. sind die Schmuckschildkröten beim Verkäufer artgerecht untergebracht?
- ○ Kann der Verkäufer die bisherige Pflege der Schmuckschildkröte sachgerecht erklären?
- ○ Kann der Grund für den Verkauf der Schmuckschildkröten (z. B. beengte Platzverhältnisse) bald auch bei Ihnen eintreten?
- ○ Haben Sie eine geeignete Transportmöglichkeit dabei?

Umzug oder familiäre Bedingungen zwingen einen Halter dazu, sich von seinen Tieren zu trennen. Die beste Lösung ist eine Kleinanzeige in einer Tageszeitung, einem Wochenblatt, einer Terrarianerzeitschrift oder dem Anzeigenjournal einer Terrarianervereinigung.

Wer das Risiko, das mit der Aufzucht junger Schmuckschildkröten verbunden ist, umgehen möchte, kann sich daher auf diesem Wege gleich halbwüchsige oder bereits erwachsene Schmuckschildkröten anschaffen.

Der Vorteil liegt zum einen darin, daß man gleich eine Gruppe zusammenstellen kann, in der sich die gewünschte Anzahl Männchen und Weibchen befindet. Bei Jungschildkröten ist es immer ungewiß, welches Geschlecht sie haben, da dies erst später erkennbar ist (Geschlechtsunterscheidung siehe Seite 86). Außerdem kann man das Terrarium dafür gleich endgültig planen und bauen und muß nicht immer wieder nach einiger Zeit ein geräumigeres Zimmer- oder Freilandterrarium einrichten.

Der Nachteil ist, daß man nicht weiß, wie die Schmuckschildkröten aufgezogen und ob sie dabei richtig gehalten und ernährt wurden. Macht man jedoch einen Gesundheitscheck (siehe Seite 64) und beachtet das äußere Erscheinungsbild, kann man gesunde von kranken Schmuckschildkröten recht gut unterscheiden.

Der Transport

Merkwürdigerweise werden Schmuckschildkröten auch von manchen Zoofachhändlern zum Transport oft in eine Plastiktüte mit etwas Wasser getan. Da es sich bei ihnen nicht um kiemenatmende Lebewesen handelt, ist dies sehr gefährlich: Die in dieser Verpackung hin und her rollende Schmuckschildkröte kann dabei ertrinken.

Ein idealer Transportbehälter kann je nach Größe der Schildkröte ein Karton sein, den man mit zusammengeknülltem Zeitungspapier oder Schaumstoffwürfeln polstert. Muß man die Tiere unbedingt auch im Winter transportieren, hüllt man den Karton noch in Decken ein, zwischen denen sich eventuell noch eine Wärmeflasche befindet.

Im Sommer kann es im Auto sehr heiß werden. Auch dann sollten Sie die Transportbox gut isolieren oder – noch besser – die Schildkröten erst am Abend transportieren.

Haltung im Haus oder Haltung im Freien?

Ein nicht ganz billiges Hobby

Als in den 70er Jahren Rotwangen-Schmuckschildkröten-Babys nur um die 5,– bis 6,– DM kosteten, verließen zahlreiche Käufer mit ihnen das Zoogeschäft, ohne sich über die Folgekosten bzw. notwendigen weiteren Kosten Gedanken zu machen. Das kleine Tier und der geringe Platzbedarf vermittelte den Käufern den Eindruck, daß die Unterbringung und Pflege relativ einfach sei.

Inzwischen kosten Schmuckschildkröten-Babys zwischen 15,– und 22,– Euro, und das Geld dafür sitzt nicht mehr ganz so locker in der Tasche. Aus diesem Grund überlegen sich Interessenten vor der Anschaffung einer oder mehrerer Schmuckschildkröten diesen Schritt etwas gründlicher.

Leider verschweigen auch manche Schmuckschildkrötenverkäufer, welche Ausmaße das Tierchen später annehmen kann und welcher

Neugierig schwimmen die jungen Schmuckschildkröten an die Frontscheibe.

Checkliste: Einkauf

Grundausstattung für ein Zimmer-Aquaterrarium

○ Aquarium 100 x 50 x 60 cm (Länge, Tiefe, Höhe)

○ Beleuchtungskasten aus Kunststoff mit 2 Leuchtstoffröhren

○ 2 Verteilerstecker 3-fach

○ 1 Wärmestrahler (Conzentra-Lampe) komplett mit Kabel, Fassung und Stecker

○ 1 Aquarien-Regelheizstab* (je nach Leistung 100 bis 250 Watt)

○ 2 Thermometer (Luft und Wasserteil)

○ 2 Zeitschaltuhren (1 x für Wärmestrahler, 1 x für Beleuchtung und Wasserheizung)

○ 1 Aquarien-Außenfilter (EHEIM o. ä., 240–300 l/h)

* Als erforderliche Wattstärke des Regelheizstabes rechnet man je nach Außentemperatur und Wassermenge zwischen 5–10 Watt pro 10 Liter Wasser.

Aufwand dann einmal notwendig wird. Sie erklären lediglich, wie die kleinen Schildkröten zu halten und zu pflegen sind.

Die jungen Schmuckschildkröten provisorisch in einer preiswerten Kunststoffwanne mit flachen Steinen als Inseln und einer Nachttischlampe als Wärmestrahler zu halten, ist eine nicht tiergerechte Notlösung. Spätestens nach einigen Monaten und fortgeschrittenem und vermutlich gestörtem Wachstum der Schmuckschildkröten wird jeder einsehen, daß man um die Anschaffung eines Aquaterrariums (siehe Checkliste) mit dem notwendigen Zubehör nicht herumkommt, wenn man die Tiere artgerecht halten will. Zusätzlich dazu fallen ständig Strom- und Futterkosten an – und hin und wieder Ersatzlampen und Wärmestrahler.

Möchte man Schmuckschildkröten in den warmen Sommermonaten in einer Freilandanlage (siehe Seite 43) unterbringen, ergeben sich weitere, nicht unerhebliche Kosten.

Das Aquaterrarium einrichten

Ihrer Lebensweise entsprechend benötigen Schmuckschildkröten in ihrem Terrarium einen geräumigen Wasserteil und einen Platz für Sonnenbäder. Je nach Behältergröße

Zimmerterrarien für Schmuckschildkröten

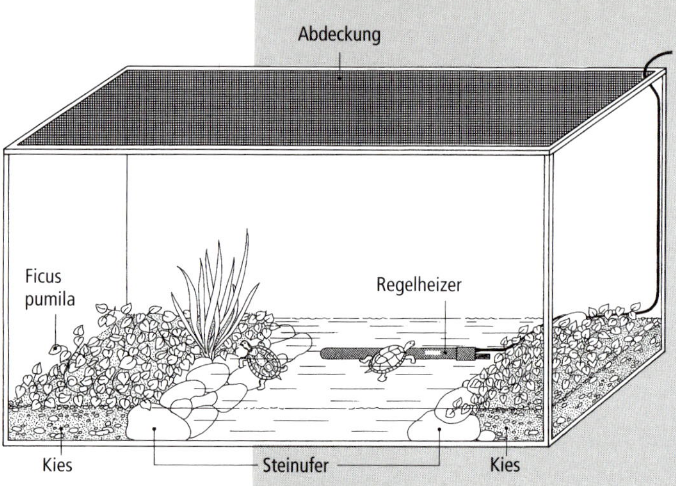

1 Ansprechend eingerichtetes Aquaterrarium für junge Schmuckschildkröten. Eine kleine Filteranlage erleichtert die Reinigung des Wassers erheblich.

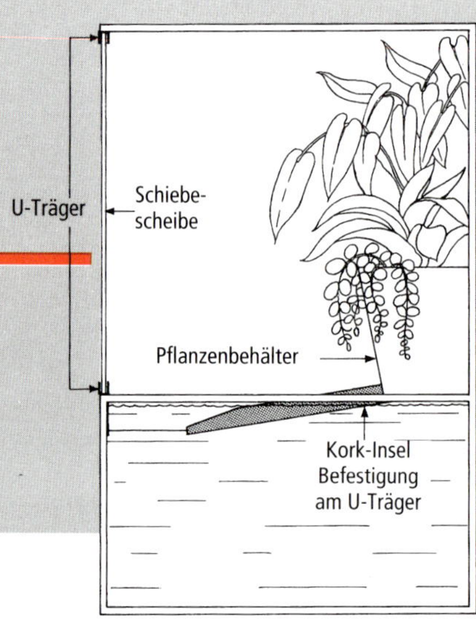

2 Aquaterrarium mit großzügigem Schwimmraum für größere Schmuckschildkröten. Der hohe Wasserstand ermöglicht die Installation eines leistungsstarken Wasserfilters.

genügt als Platz an der Sonne eine künstliche Insel, die leicht von den Tieren erklommen und verlassen werden kann. Solche Inseln können aus dem Wasser ragende Steine oder stärkere Äste sein, aber auch Stege, die zu einem höher gelegenen Landteil führen. Über diesen Inseln muß ein Strahler als Wärmequelle hängen, in dessen Lichtkegel eine Temperatur von etwa 30–35 °C herrscht. Das Wasser muß etwa 25–26 °C warm sein und die Luft darüber etwa 2–3 °C wärmer, damit es nicht zu Erkältungskrankheiten kommen kann.

Verwendet man als Landteil einen mit Sand gefüllten Behälter,

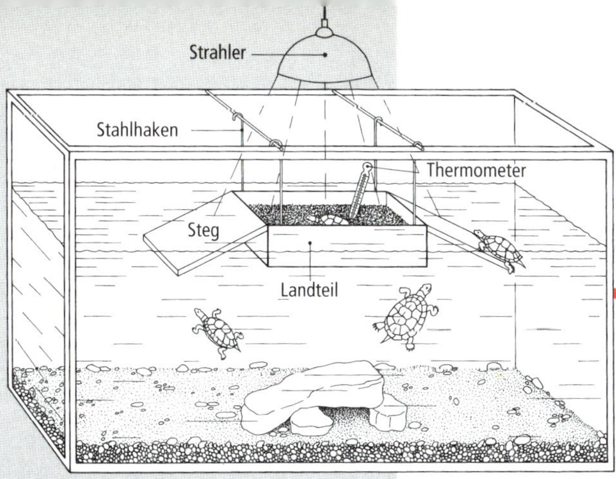

3

Bringt man das Landteil im Aquaterrarium recht hoch an, kann man das Verhalten der Schmuckschildkröten unter dem Wasserspiegel wesentlich intensiver beobachten.

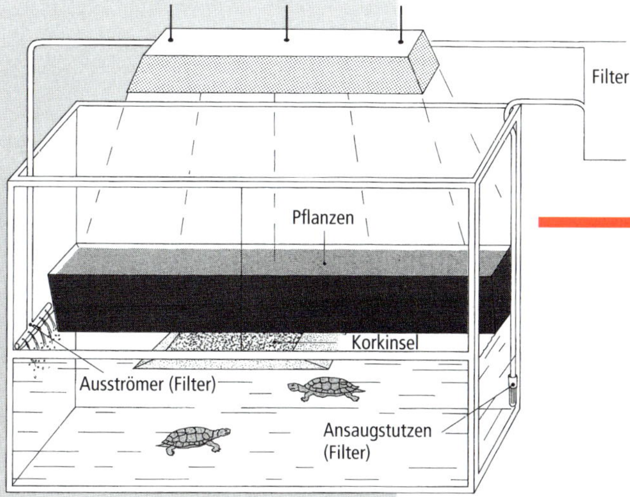

4

Das gleiche Aquaterrarium wie links – aus einer anderen Perspektive.

können ihn trächtige Weibchen auch als Eiablageplatz benutzen.

Ein ausschließlich auf die Bedürfnisse der Schildkröten zugeschnittenes Aquaterrarium ist nicht unbedingt ein Schmuckstück, das den Wohnraum verschönert. Also muß man versuchen, das Erscheinungsbild etwas zu verbessern.

Junge Gelbwangen-Schmuckschildkröte (Trachemys scripta scripta)

Pflanzen wirken immer dekorativ, können aber von Schmuckschildkröten auch als willkommene Bereicherung ihres Speisezettels betrachtet werden. Also muß man sie für die Tiere unerreichbar anbringen. Ein über dem Aquaterrarium aufgehängter Epiphytenstamm mit Bromelien, Farnen und herabwachsenden Ampelpflanzen sieht recht gut aus. Es ist aber auch möglich, gleich ein großes, hohes Terrarium zu nehmen und dessen Rückwand mit Korkrindenstücken zu verkleiden und darauf Pflanzen zu kultivieren. Mit etwas Geschick lassen sich darin selbst Blumentöpfe mit Korkstücken verkleiden und an die Rückwand hängen. Zu lang gewordene Ampelpflanzen wie Ficus, Scindapsus, Tradescantien oder Zebrakraut werden von den Schildkröten durch Abfressen stets wieder auf die richtige Länge gebracht. Mit

Zwei Zierschildkröten (Chrysemys picta) in einer Freilandanlage

Checkliste für das Freilandterrarium

Das Freilandterrarium...

- ○ muß nach Süden liegen und sollte keine schattenspendenden Hindernisse (Gebäude, Bäume, ect.) aufweisen.
- ○ muß im Sommer täglich mindestens 8–10 Stunden der Sonnenstrahlung ausgesetzt sein.
- ○ darf nicht an einer stark befahrenen Straße (Abgase, Erschütterungen, Lärm ect.) liegen.

- ○ sollte großzügig, aber nicht unübersichtlich sein. Man muß die Schildkröten bei Bedarf (Beißereien, Erkrankung usw.) leicht herausfangen können.
- ○ sollte mit einem Folienteich ausgestattet sein, da er die besten Gestaltungsmöglichkeiten bietet. Sichern Sie den Untergrund vor dem Verlegen der Folie mit einem Schutzflies, es sei denn, Ihr Gartenboden besteht nur aus reinem Sand.
- ○ sollte lockere, nach Süden ausgerichtete Sandhügel als Eiablageplätze haben.
- ○ muß mit einer 50–70 cm hohen Umfriedung umgeben sein, mit möglichst glatten Innenwänden und unbedingt einer nach innen ragenden Abschlußleiste, da Schmuckschildkröten ausgezeichnet klettern können.
- ○ muß bei Bedarf oben mit einem grobmaschigen Netz gegen Katzen, Marder, Greifvögel und andere Feinde gesichert werden.
- ○ sollte aus dem Wasser ragende, kräftige Äste für Sonnenbäder anbieten.
- ○ sollte bei Bedarf (z. B. übermäßige Schlammansammlung am Boden) leicht abgepumpt, gereinigt und über einen nahegelegenen Wasseranschluß wieder gefüllt werden können.

Freilandterrarien für Schmuckschildkröten

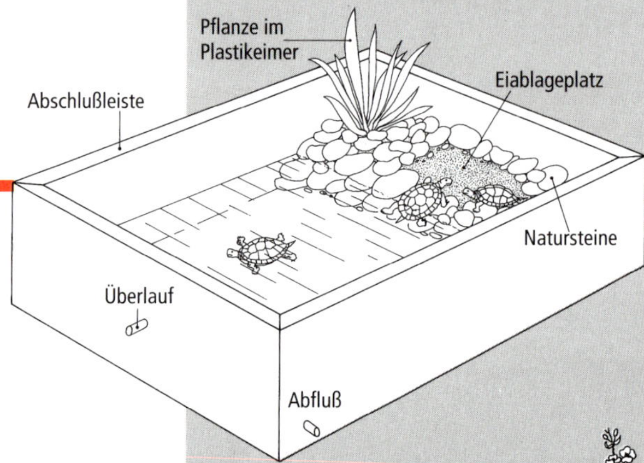

1 Kleine Freilandanlage mit der Möglichkeit, Wasser einfach abzulassen. Die Insel muß dort angelegt werden, wo die Sonne am längsten hinscheint.

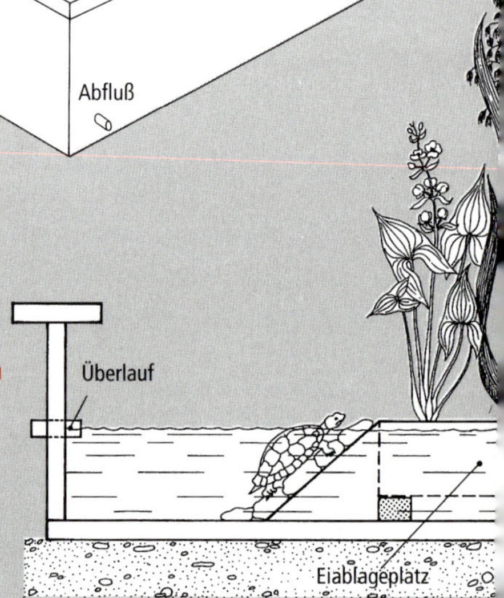

2 Einfaches Freilandterrarium mit einer Insel in der Mitte. Die Insel dient gleichzeitig als Eiablageplatz.

einer solch ansprechenden Dekoration entsteht aus dem Aquaterrarium ein hübsches Paludarium, in dem sich im oberen Bereich selbst Orchideen kultivieren lassen.

Das Freilandterrarium

Wesentliches Element eines Freilandterrariums für Schmuckschildkröten ist ein Teich mit größeren Flachwasserbereichen und Plätzen für Sonnenbäder. Besonders bewährt haben sich hierzu Folienteiche, da man mit ihnen jedes Profil und fast jede Form gestalten kann. Zudem sind sie recht einfach und schnell anzulegen – und im Gegensatz zu Betonbecken ebenso schnell auch wieder zu beseitigen (Grundbauplan siehe oben rechts).

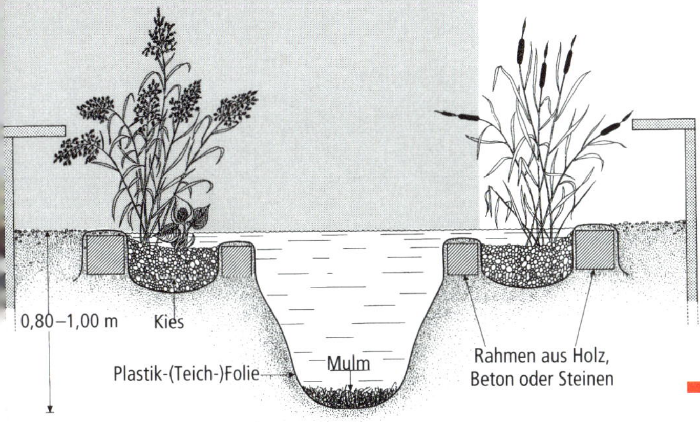

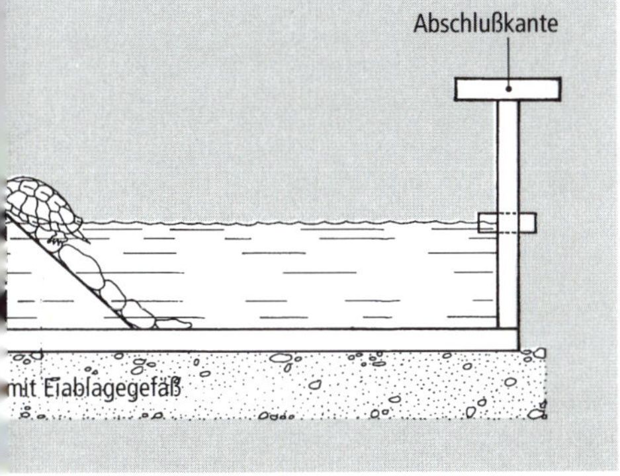

Ein Teich für eine Freilandanlage: Das Gerüst aus Holzbalken oder Betonpfosten dient als Grundform des Teiches. Dabei muß der innere Rahmen etwa 10 bis 20 cm tiefer liegen. Eine Teichfolie verhindert das Abfließen des Wassers. Nun fehlt nur noch ein kräftiger Ast als Sonnenbadeplatz.

Darüberhinaus muß man den Weibchen geeignete Eiablageplätze bieten, und das Freilandterrarium muß ausbruchsicher umfriedet werden (weitere Bedingungen Seite 43).

Besatzdichte und Vergesellschaftung

Wer ein Tier hält, betreut oder zu betreuen hat, muß dieses seiner Art und seinen Bedürfnissen entsprechend angemessen ernähren, pflegen und verhaltensgerecht unterbringen. Auch dürfen die Bewegungsmöglichkeiten nicht so eingeschränkt werden, daß ihm Schmerzen oder vermeidbare Leiden oder Schäden zugefügt werden. Wer sich nicht daran hält, verstößt gegen § 2 des Tierschutzgesetzes. Neben

Gefahrenquellen

So schützen Sie Ihre Schmuckschildkröten vor Unfällen

- Zwischen Wurzeln und Steinaufbauten – im Zimmer- wie im Freilandterrarium – dürfen keine Lücken sein, in denen sich Schmuckschildkröten einklemmen und ertrinken können!
- Lose liegende Kabel des Aquarien-Heizstabes können durchgebissen werden, so daß es dadurch zu einem Stromunfall kommen kann!
- Der Sonnenbadeplatz darf nicht durch Hindernisse blockiert werden. Können die Schildkröten der Wärmestrahlung nicht ausweichen, kann dies zu ihrem Hitzetod führen.
- Das Wasser muß immer tief genug sein, damit sich eine umgefallene Schmuckschildkröte auch im Wasser wieder problemlos umdrehen kann, sonst besteht die Gefahr des Ertrinkens.
- Keine zu großen, leicht verschluckbaren Futterbrocken verfüttern, da die futterneidischen Schmuckschildkröten daran ersticken können.
- Mit Chemikalien gereinigte Aquaterrarien sind gründlich mit klarem Wasser auszuspülen, bevor die Schmuckschildkröten wieder eingesetzt werden, da es sonst zu Vergiftungen kommen kann.
- Der Freilandteich muß ein leichtes Verlassen ermöglichen (Flachwasserbereiche), damit die Schildkröten dabei nicht zu viel Kraft verbrauchen müssen.

Kenntnissen über die spezielle Biologie der Schmuckschildkröten muß man sich über die Haltungsanforderungen informieren.

Um Reptilienhaltern Richtwerte zu bieten, erstellte 1997 eine Sachverständigengruppe im Auftrag des Bundesministers für Ernährung, Landwirtschaft und Forsten (Referat Tierschutz) ein Gutachten. Darin listete man die erforderlichen Mindestanforderungen auf, die bei der Haltung von Reptilien zu beachten sind.

Darin steht beispielsweise auch, daß man bei der Unterbringung von Schmuckschildkröten (Chrysemys, Pseudemys, Trachemys) auch deren Bewegungsdrang zu berücksichtigen habe. Deshalb ist für ein Pärchen aller Schmuckschildkröten ein Terrarium erforderlich, dessen Grundfläche sich nach der Panzerlänge der betreffenden Schildkröten zu richten hat.

Bei der Länge des Terrariums ist die 5fache Panzerlänge (PL) und davon die Hälfte als Maß für die Breite anzusetzen. Das heißt in der Praxis: Haben die Schildkröten eine Panzerlänge von 10 cm, muß das Aquaterrarium eine Länge von 50 cm haben und eine Breite von 25 cm. Für eine dritte und vierte im Aquaterrarium gepflegte Schildkröte sollte man zusätzlich mindestens 10%, ab der fünften Schildkröte 20% mehr Grundfläche zur Verfügung stellen. Befindet sich über der Wasserfläche ein Landteil, kann man dessen Fläche bei der Berechnung hinzuziehen.

Auch der notwendige Wasserstand richtet sich nach den Pfleglingen. Bei Schmuckschildkröten muß der Wasserstand mindestens doppelt so hoch sein wie die Panzerbreite.

Da Schmuckschildkröten sehr gut schwimmen und tauchen können, muß man ihr Aquaterrarium auch dementsprechend ausstatten und einrichten.

Die gleichen Bedingungen gelten übrigens auch für amerikanische Höckerschildkröten (Graptemys), die man gut mit Schmuckschildkröten vergesellschaften kann.

Schmuckschildkröten richtig füttern

Was fressen Schmuckschildkröten?

Schmuckschildkröten sind Allesfresser mit zum Teil sehr unterschiedlichen Vorlieben. Während Jungtiere fast ausschließlich tierische Nahrung wie Würmer, Wasserschnecken, Wasserinsekten und deren Larven, Kleinkrebse (Wasserflöhe, Bachflohkrebse) verzehren, nehmen ältere Exemplare oft sehr viel pflanzliche Nahrung zu sich.

Die Vorliebe für eine bestimmte Nahrung kann sich im Laufe eines Jahres auch durch das wechselnde Nahrungsangebot immer wieder ändern. Denn mal gibt es eine Wasserflohschwemme, mal eine Ansammlung toter Fische und manchmal nur einige Schnecken und Wasserpflanzen. Auf jeden Fall erhalten Schmuckschildkröten mit ihrer Nahrung auch immer Mineralsalze und Vitamine, die wir ihnen in Menschenobhut nicht vorenthalten dürfen. Denn sie sind für ein ungestörtes Wachstum und das Funktionieren aller Lebensvorgänge wichtig. Außerdem enthalten Pflanzen viele Ballaststoffe, die wiederum für eine gute Darmtätigkeit sorgen.

Beim Anblick zappelnder Regenwürmer tauchen Schmuckschildkröten schnell zu ihrem Lieblingsfutter.

Grundsätzlich ist darauf zu achten, daß man seine Schmuckschildkröten vielseitig füttert und nicht zu übermäßig. Denn in der Natur haben Schmuckschildkröten nicht nur erheblich mehr Bewegungsmöglichkeiten, sondern manchmal ist es für die Tiere auch recht schwierig, richtig satt zu werden. Eine überge-

wichtige Schmuckschildkröte hat in der Natur Seltenheitswert, bei Schmuckschildkröten, die im Aquaterrarium gehalten werden, ist es manchmal gerade umgekehrt.

Zur Pflege gehört also nicht nur das Füttern und Sauberhalten des Behälters, sondern auch die kritische Aufsicht über den Ernährungszustand der Schildkröten. Quellen die Weichteile bereits aus den Panzeröffnungen, haben Sie es mit der Ernährung zu gut gemeint.

Wie vielfältig das Nahrungsangebot für Schmuckschildkröten sein kann, ist der Tabelle (S. 52) zu entnehmen. Um festzustellen, ob Ihre Schmuckschildkröten auch Pflanzenteile verzehren, sollten Sie in den Wasserteil einige Wasserpflanzen wie z. B. Wasserpest (Elodea) oder ein Salatblatt geben. Fressen die Schildkröten daran, können Sie experimentieren, welche Pflanzenteile außerdem noch verzehrt werden. Bewährte Futterpflanzen sind ebenfalls der Tabelle zu entnehmen.

TIP

Damit die Schmuckschildkröten ausreichend mit Vitaminen und Mineralien, z. B. Kalk, versorgt werden, ist es mindestens zweimal wöchentlich notwendig, den Tieren an einer Pinzette Rindfleischstückchen zu bieten, die man zuvor in einem Mineralstoffpräparat (z. B. Corvimin, Vitakalk, ReptoVit o. ä.) gewälzt bzw. mit einem Vitaminpräparat (z. B. Multibionta) geimpft hat. Geeignete Präparate erhalten Sie im Zoofachhandel und/oder in Apotheken.

Lebendfutter für Schmuckschildkröten

Die sich bewegende Beute weckt den Jagdtrieb und ist eine willkommene Abwechslung auf dem Speiseplan.

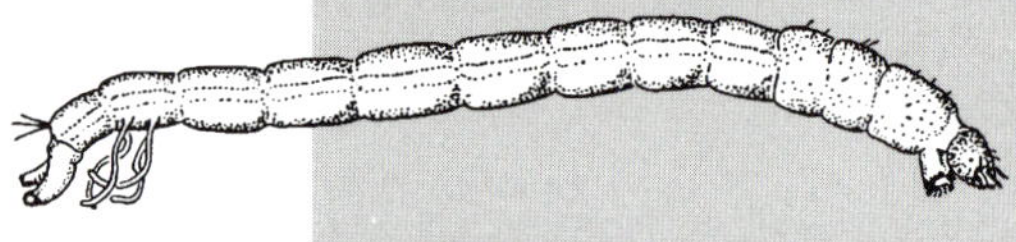

1

Die heftigen Bewegungen der Zuckmückenlarven animieren vor allem junge Schmuckschildkröten zur Jagd. Man findet die Larven oft in Regentonnen oder Abwassergräben. Büschelmückenlarven rudern langsam waagerecht durchs Wasser und werden dabei von den Schildkröten entdeckt. Sobald sie die ersten gefunden haben, beginnt die Suche nach weiteren Mückenlarven.

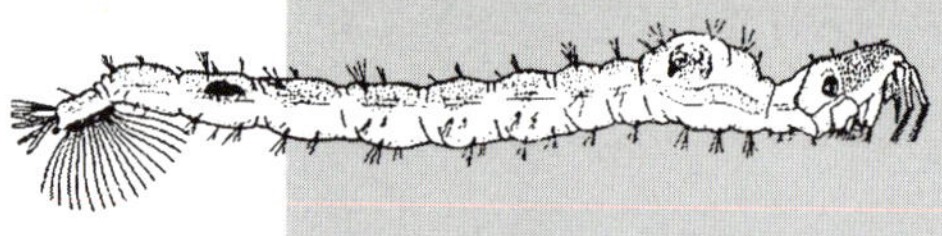

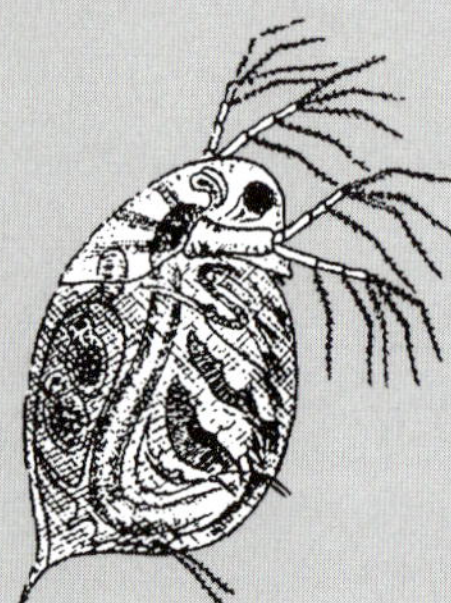

2

Wasserflöhe sind besonders wertvolles Futter für junge Schmuckschildkröten. Sie liefern Eiweiß, Kohlehydrate, Mineralien und fördern den Jagdtrieb.

Auch andere Wasserschildkröten mögen Regenwürmer (Krötenkopf-Schildkröte).

Wie oft wird gefüttert?

Es ist sinnvoll, Jungtiere täglich zu füttern. Halbwüchsige Schmuckschildkröten werden alle 2 Tage und erwachsene Schmuckschildkröten nur noch zweimal in der Woche gefüttert. Letzteres gilt jedoch nicht für trächtige Weibchen, denn ihr Ernährungszustand hat erheblichen Einfluß auf die Anzahl der Eier und

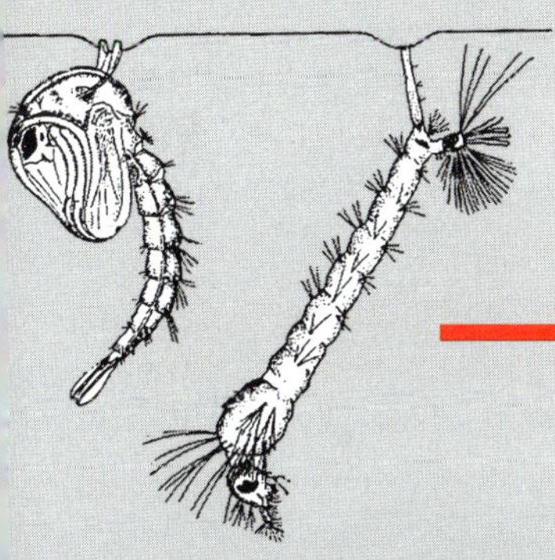

3

Stechmückenlarven und -puppen hängen oft ruhig unter der Wasseroberfläche und atmen dort. Sie flüchten bei Gefahr in tiefere Schichten und werden dabei von jungen Schmuckschildkröten wahrgenommen.

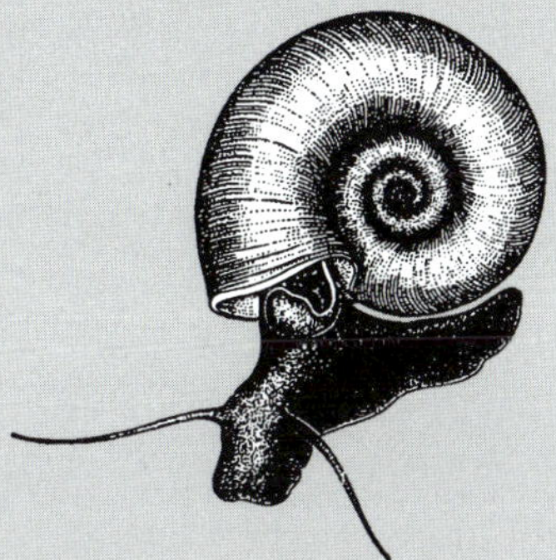

4

Posthornschnecken sind ausgezeichnete Kalklieferanten für mittelgroße und ausgewachsene Schmuckschildkröten.

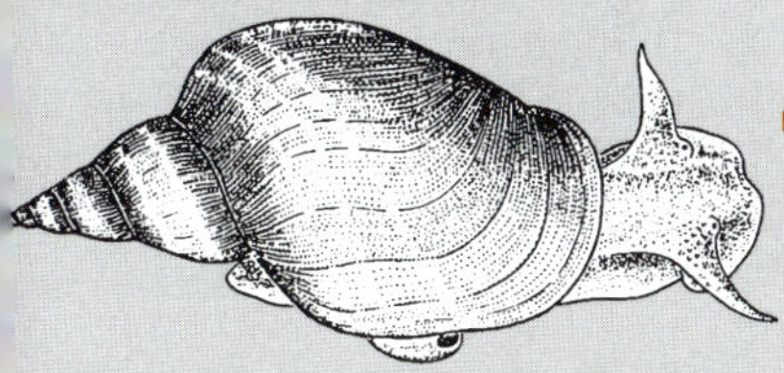

5

Spitzschlammschnecken lassen sich leicht in einem Gartenteich züchten und können dort fast ganzjährig entnommen werden.

den Gesundheitszustand der Nachkommen.

Unabhängig von den Fütterungszeiten kann man jungen Schmuckschildkröten zwischendurch einige bewegliche Kleintiere (Wasserflöhe, Mückenlarven und kleine Schnecken) anbieten, weil dadurch ihr Bewegungsdrang (Jagd) ausgelöst wird.

Höckerschildkröte

Futterliste für Schmuckschildkröten

Regenwürmer	Besonders wertvolles Futter, eiweiß- und mineralienreich.
Wasserschnecken	Reich an Mineralien, bei größeren Gehäuseschnecken vorher das Gehäuse anbrechen.
Mückenlarven und Kleinkrebse	Kleinkrebse vor allem für Jungtiere gut geeignet, da der Jagdtrieb ausgelebt werden kann.
Rinderherz oder -muskelfleisch	Kann portionsweise eingefroren und nach dem Auftauen in Mineralstoffen gewälzt und verfüttert werden.
Putenfleisch	Roh oder gekocht.
Futterfische	Getrocknet aus dem Angelgeschäft.
Süßwasserfisch	Im Zimmer-Aquaterrarium haselnußgroße Stückchen verfüttern, da das Wasser sonst zu stark verschmutzt, im Freilandteich größere Stücke.
Brekkis	Katzen-Trockenfutter. Mit Vitaminen und Mineralien angereichert, schwimmt einige Zeit an der Wasseroberfläche.
Wildkräuter	Vor allem Löwenzahnblätter, Klee und Wegerich werden manchmal gerne gefressen. Werden sie verweigert, versucht man es einige Wochen später noch einmal.
Wasserpflanzen	Außer Wasserpest und Wasserlinsen kann man auch typische Aquarienpflanzen wie Indischen Wasserfreund und Sumpfschraube anbieten.
Obst und Gemüse	Neben Apfel- und Birnenstückchen kann man auch einmal Spinat- und Kohlblätter in den Wasserteil geben. Oft gehen die Schildkröten aber erst daran, wenn die Blätter weich geworden sind. Dies kann man auch durch vorheriges Überbrühen erreichen.

Im Freiland finden Schmuckschildkröten ein reichhaltiges Nahrungsangebot.

Wie stellt man Schildkrötenpudding her?

Bitte lies erst das ganze Rezept durch, bevor Du beginnst! Beschaffe Dir einige flache, 4–5 cm hohe Kunststoffbehälter, in die Du das Gelatinefutter nach dem Zubereiten einfüllen kannst.
Und nun kann es losgehen: Schon 1–2 Stunden vor der eigentlichen Arbeit legst Du die Gelatine in etwa 1/4 Liter kühles Wasser und läßt sie aufquellen.
Nun zerkleinerst Du alle festen Zutaten mit etwas Milch im Mixer zu einem Brei.
Anschließend rührst Du unter den Brei die Eier, langsam die restliche Milch und 1/4 bis 1/2 Liter Wasser, bis der Brei jetzt Ähnlichkeit mit einer dicken Suppe hat.
Anschließend erwärmt man mit einem weiteren 1/2 Liter Wasser die Gelatinelösung auf etwa 70 bis 80 °C und rührt dort den Futterbrei hinein.
Kühlt das Gelatinefutter nun auf etwa 30 °C ab, fügst Du die Mineralstoffe und Vitamine hinzu.
Die dabei entstehende dickflüssige Mischung füllst Du in die Kunststoffbehälter und stellst sie an eine Stelle, an der sie ungestört und langsam abkühlen kann.
Am folgenden Tag setzt man die Schalen für 3 bis 4 Stunden in den Kühlschrank. Danach schneidet man das erstarrte Gelatinefutter in die gewünschten Wochenportionen, füllt sie in Kunststofftüten und bewahrt sie in einer Tiefkühltruhe auf. Vor dem Verfüttern müssen sie wieder aufgetaut und die Reste in einem Kühlschrank aufbewahrt werden.

Fertigfutter – selbst gemacht

Bei erfahrenen Haltern von Schmuckschildkröten hat es sich längst bewährt: das Gelatinefutter. Oft wird es auch als „Schildkrötenpudding" bezeichnet. Es ist vor allem deshalb wertvoll, da man nicht nur die Zusammensetzung dieses Fertigfutters selbst bestimmen, sondern da man gleich auch größere Mengen herstellen und portionsweise einfrieren kann. Zudem gibt man dem Futter gleich die notwendigen Mineralstoffe und Vitamine zu – und es wird garantiert von den Schildkröten gefressen.

Damit sich dieses Futter nach dem Verfüttern nicht so schnell im Wasser auflöst, wird es mit Gelatine zu einer aspikähnlichen Masse eingedickt. Die Herstellung ist dabei so leicht, daß sie selbst von größeren Kindern geleistet werden kann. Deshalb ist der Verlauf der Herstellung dem Kinderkasten zu entnehmen.

Dieses Fertigfutter ist auch besonders hilfreich in der Urlaubszeit. Nicht jeder Urlaubsvertretung ist es zuzumuten, den Schmuckschildkröten Regenwürmer, Schnecken oder ähnliches zu geben. Schließlich soll es die Urlaubsvertretung möglichst einfach haben, und das selbstgemachte Futter hinterläßt keinen unangenehmen Eindruck.

Appetit auf Schildkrötenpudding?

Zutaten für 3–4 l Gelatinefutter

- 1/2 Liter Milch (1,5% Fettgehalt)
- 2 Eier
- 1/2 kg Obst und Gemüse (siehe Futtertabelle)
- 1/2 kg Rindfleisch
- 1/2 kg Süßwasserfisch, Fischmehl oder Garnelenschrot
- 10 Tropfen Vitamin-Präparat (z. B. Multibionta, Multimulsin)
- 2 Eßlöffel Mineralstoffe (z. B. Vitakalk)
- 250 g Speisegelatine in Aspikqualität (je Liter 50–60 g)
- 3/4 bis 1 Liter Wasser

Schmuckschildkröten im Urlaub

Urlaubsvorbereitungen

Reinigung

Reinigen Sie 1–2 Tage vorher noch einmal gründlich die Filteranlage und markieren Sie mit einem Filzstift o. ä. die Wasserhöhe.

Ersatzteile

Legen Sie Hilfsmittel und Ersatzteile bereit, falls es zu Ausfällen kommt, z. B:
Ersatz-Lampen,
Reserve-Aquarienheizstab,
Reserve-Thermometer,
Reserve-Zeitschaltuhr,
Quarantänebecken (Aquarium oder Kunststoffwanne für die Unterbringung erkrankter Schildkröten),
Kleiner Kescher, um Ausscheidungen und größere Futterreste beseitigen zu können.

Futter

Trockenfutter in den üblichen Portionen bereitstellen.
Frischfutter (Fleisch) oder/und Geleefutter portionsweise einfrieren.

Sonstige Vorbereitungen

Checkliste für den Urlaubssitter sowie einen Pflegeplan aufstellen (S. 58, 126).
Eigene Urlaubsadresse/Telefonnummer hinterlassen.
Adresse/Telefonnummer eines sachkundigen Terrarianers, der bei Bedarf helfen oder Auskunft geben kann.
Adresse eines Tierarztes, der sich mit Schmuckschildkröten auskennt.

Befinden sich die Schildkröten während Ihres Urlaubs in der Freilandanlage, brauchen Sie lediglich jemanden, der die Schildkröten hin und wieder mit Futter versorgt und beobachtet, ob eines der Tiere krank geworden ist.

Gesunde größere Exemplare können durchaus auch zwei Wochen im Zimmerterrarium ohne Futter auskommen. Im Gegenteil: Diese Fastenzeit bekommt den Tieren besser, als am Ende Ihres Urlaubs in einer stinkenden Brühe herumzuschwimmen. In diesem Fall sollte man bereits 2–3 Tage vor dem Urlaub mit dem Füttern aufhören, damit die Tiere vorher ihren Darm entleert haben.

Anders ist es dagegen mit Jungtieren. Sie dürfen keineswegs über mehrere Tage hungern, so daß man an einer Urlaubsvertretung nicht vorbeikommt.

Sorgen Sie schon lange bevor Sie Urlaub machen für eine sachkundige Urlaubsvertretung. Das bedeutet, daß die betroffene Person bereits vorher mit den Eigenarten der Pfleglinge und den Pflegebedingungen vertraut gemacht werden sollte. Leihen Sie der vorgesehenen Urlaubsvertretung dieses Buch!

Am einfachsten ist es, wenn ein anderer Schmuckschildkröten-Halter im Urlaub Ihre Tiere mitversorgt und Sie sich während seines Urlaubs revanchieren. Denn Schmuckschildkröten könnten in dieser Zeit zwar vorübergehend auch in einem Zoogeschäft gepflegt werden, jedoch ist ein Ortswechsel für die Tiere immer mit Streß verbunden. Außerdem übernimmt nicht jeder Zoohändler gerne eine Gruppe ausgewachsener Schmuckschildkröten.

Einem Unkundigeren hilft eine Checkliste (S. 58), auf der die notwendigen Augenmerke und Pflegebedingungen aufgelistet sind. Vor seinem Urlaub hat der Pfleger jedoch noch einige Vorbereitungen zu treffen (siehe Kasten).

Befinden sich die Schildkröten in einer Freilandanlage, so sollten sie während der Urlaubszeit darin bleiben. In dieser Zeit muß die Urlaubsvertretung lediglich in der möglichst gleichen Fütterungszeit wie sonst das Futter den schon wartenden Schmuckschildkröten in den Teich werfen. Anschließend ist zu beobachten, ob die Tiere fressen oder ob sich eine Schildkröte auffällig benimmt (schräg schwimmt, schlecht taucht, geschlossene Augen u. ä.). Krank erscheinende Schildkröten überführt man in ein Quarantänebecken (S. 78).

Aufmerksame Schmuckschildkröte, bereit bei Gefahr in das Wasser zu fliehen

Checkliste für die Urlaubsvertretung

- ○ Funktionieren die Beleuchtung, Zeitschaltuhr und Filteranlage?
- ○ Stimmen Wasserstand und Wassertemperatur?
- ○ Zeigen die Schildkröten normale Verhaltensweisen (Tauchen, Schwimmen, Sonnenbaden)?
- ○ Befinden sich noch Futterreste oder andere Abfälle im Wasser (mit kleinem Kescher entfernen), die das Wasser belasten könnten?
- ○ Ist das Futter zum Verfüttern bereit? Tiefkühlkost (z. B. Gelatinefutter, Rindfleischstückchen) vorher rechtzeitig auftauen!
- ○ Trockenfutter in der erforderlichen Menge und in den abgestimmten Zeitabständen geben.

Schmuckschildkröten überwintern

Warum manche Schildkröten eine Winterruhe einlegen müssen, kann man im letzten Kapitel erfahren (ab Seite 96). Wie sie in Menschenobhut zu überwintern sind, erfährt man in den folgenden Zeilen.

Da Schildkröten – wie alle Reptilien – wechselwarme Tiere sind, genügt es eigentlich, im Herbst die Temperaturen im Aquaterrarium langsam zu senken. Dies geschieht in der Freilandanlage von alleine, so daß man im Idealfall die Schildkröten gleich ab Ende September in die Winterruhe überführen kann. Im Freiland haben sie nämlich schon lange vorher mit dem Fressen aufgehört, und ihr Verdauungstrakt ist gewöhnlich bereits leer. Dies muß auch so sein, da die Tiere sonst in ihrer Ruhephase von innen verfaulen können.

Hat man die Schildkröten bereits wegen des schlechten Wetters aus der Freilandanlage ins Haus geholt und pflegt sie im Aquaterrarium, muß man bei normalen Betriebstemperaturen ebenfalls eine Fastenzeit von 3–5 Tagen einlegen und dann langsam die Temperaturen sinken lassen. Auf Zimmertemperatur (18–20 °C) gebracht, überführt man die Schildkröten nun in ihr Winterquartier. Dazu kann eine Kunststoffwanne oder ein altes Aquarium dienen, das in einem kühlen Keller steht. Die Wassertemperatur muß unter 10°C bleiben und kann durchaus auf 5°C sinken. Das Winterquartier ist abzudunkeln, und die Schildkröten müssen alle 1–2 Wochen kontrolliert werden.

Müde ziehen sie bei diesen Störungen den Kopf und die Gliedmaßen noch tiefer in den Panzer, eine Reaktion, die uns zeigt, daß die Tiere schlafen. Zahlreiche Schildkrötenhalter besorgen sich einen alten Kühlschrank, der an einem kühlen Platz im Keller steht und den Schildkröten als Winterquartier dient. Er garantiert Temperaturen um 5–6°C, läßt keine störenden Geräusche herein, und es ist darin dunkel.

Eine Winterruhe von 3–4 Monaten überstehen gut genährte Schildkröten ohne Probleme. Am Ende

In einer geräumigen Freilandanlage kann man auch mehrere Arten gemeinsam pflegen.

Im natürlichen Lebensraum finden die Tiere Schutz während ihrer Ruhephasen.

der Winterruhe erhöht man langsam wieder die Wassertemperatur, setzt sie in ihr Aquaterrarium mit Zimmertemperatur und beläßt sie dort für einen Tag. Am folgenden Tag schaltet man den Aquarien-Regelheizstab ein und erhöht die Wassertemperatur langsam wieder auf 25 °C.

Für eine Überwinterung eignen sich nicht nur Zierschildkröten (Chrysemys), sondern auch Rotbauch-Schmuckschildkröten (Pseudemys rubriventris). Aber auch bei der Hieroglyphen-Schmuckschildkröte (P. concinna), Florida-Schmuckschildkröte (P. floridiana) und Buchstaben-Schmuckschildkröte (Trachemys scripta) hat sich eine solche Überwinterung bewährt.

Bei tropischen und subtropischen Arten oder Unterarten sorgt man

4–6 Wochen für um 3–4°C kühlere Wasser- und Lufttemperaturen und erhöht sie dann nach einem Wasserwechsel wieder. Dies kann schon dazu führen, daß Männchen nun mit dem Werbespiel um ein Weibchen beginnen. Dieses interessante Verhalten wird im Kapitel „Verhalten verstehen“ genauer beschrieben.

Gestattet man den Schmuckschildkröten aus dem nördlichen Verbreitungsgebiet keine Winterruhe, wachsen sie unaufhörlich weiter und bekommen mit der Zeit einen unförmigen Panzer.

Männliche Zierschildkröten (Chrysemys picta) erkennt man an den verlängerten Krallen der Vorderbeine.

Vorbeugen ist besser als Heilen. Dies gilt auch für Schildkröten. Hält man sie artgerecht, hat man das Wichtigste getan, um sie auch gesund zu erhalten. Leider kann es dennoch einmal zu einer Erkrankung kommen. Ohne selbst Tierarzt spielen zu wollen, ist es trotzdem sinnvoll, ein gesundes von einem kranken Tier unterscheiden zu können. Außerdem sollte man wissen, wie man erkrankte Tiere pflegt.

Natürlich gesund

Die gesunde Schmuckschildkröte

Gesundheits-Check: Ist meine Schmuckschildkröte

Bewegung	Beim Laufen tragen gesunde Schmuckschildkröten ihren Panzer parallel zum Boden. Schleift sie ihn seitlich oder hinten über den Boden, ist die Schildkröte vermutlich krank. Sie schwimmen und tauchen normalerweise mühelos fast waagerecht durch das Wasser! Dabei ist das Hinterteil meistens nur leicht abgesenkt. Hält das Tier eine Seite oder das Hinterteil tiefer, liegt eine Erkrankung vor!
Augen und Augenlider	Die Augenlider sind unauffällig und nicht geschwollen. Die klaren Augen selbst liegen weder tief in den Augenhöhlen noch quellen sie hervor, und es ist kein Ausfluß vorhanden!
Haut	Die Haut an den Weichteilen (Kopf, Nacken, Gliedmaßen, Schwanz) muß frei von Wunden, Geschwüren und rosa-weißlichen Stellen sein. Außerdem sollten keine Außenparasiten vorhanden sein!
Nasenöffnungen	Die Nasenöffnungen sind gut sichtbar, frei von Belägen und bleiben nach dem Abtrocknen auch trocken!
Schleimhaut	Die Schleimhaut der Mundhöhle ist frei von Belägen. Die Schildkröte kann das Maul problemlos öffnen und schließen. Die Atmung erfolgt geräuschlos! (Achtung: Erregte, aber gesunde Schmuckschildkröten geben manchmal beim Ausatmen fauchende Laute von sich.)

Panzerform

Panzerstabilität

Gewicht

Kondition

Futteraufnahme

gesund?

Der Panzer besitzt die typische Form. Es dürfen keine dickeren Panzerschichten abschilfern. Bei der normalen Häutung werden höchstens dünne Hautfetzen und Panzerschichten (Hornplatten) abgelöst.

Durch leichten Druck auf den Rücken- und Bauchpanzer wird die Festigkeit geprüft. Beide sollten unnachgiebig fest sein. Ausnahmen: Schlüpflinge und ausgesprochene Jungtiere, deren Panzer noch etwas elastisch ist.

Die Schildkröte erscheint für ihre Größe nicht zu leicht. Man sollte das Gewicht eventuell mit einer gleich großen vergleichen!

Hält man die Vordergliedmaßen der Schildkröte zwischen ausgestrecktem Daumen und Zeigefinger, so muß sie kraftvoll hängen bleiben. Schwache, kranke Exemplare rutschen durch und verlieren den Halt! Kräftige Schmuckschildkröten drehen sich auch schnell und geschickt wieder um, wenn man sie in Rückenlage auf den Boden legt!

Gesunde Tiere – außer hochträchtigen Weibchen – nehmen fast jederzeit gierig Futter auf.

Um eine gesunde Schmuckschildkröte von einer kranken zu unterscheiden, helfen einige kritische Blicke und einfache Griffe. Dabei ist bei manchen Schmuckschildkröten Vorsicht geboten, denn sie können empfindlich zubeißen. Meine Nicaragua-Schmuckschildkröten (Trachemys scripta emolli) z. B. haben ihre Bissigkeit nie verloren.

Die Untersuchung einer Schildkröte ist zum Beispiel vor dem Kauf angebracht (siehe Seite 36), aber auch rechtzeitig vor einem längeren Urlaub. Außerdem ist halbjährlich ein Rundum-Check bei einem Tierarzt mit Reptilien-Erfahrung sinnvoll.

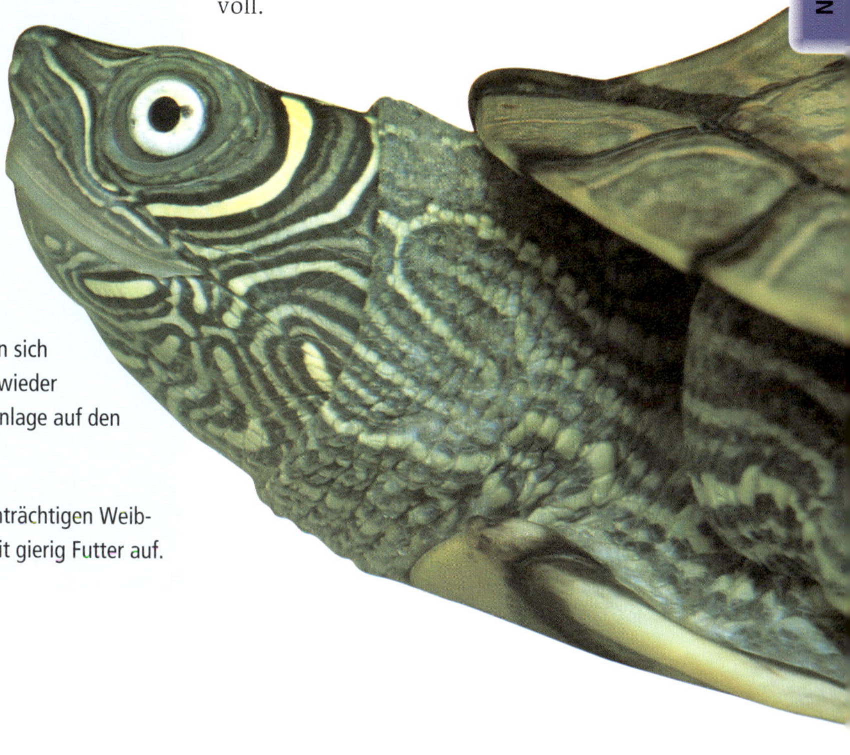

Höckerschildkröten (Graptemys) können die gleichen Krankheiten bekommen wie Schmuckschildkröten.

Mit der Übernahme der Schmuckschildkröten übernimmt der Halter auch ein großes Stück Verantwortung. Eine artgerechte Unterbringung und Pflege, verbunden mit einer abwechslungsreichen Fütterung, den richtigen Temperaturen und dem richtigen Jahresrhythmus, sind die wichtigste Krankheitsvorsorge. Unter diesen Bedingungen werden Schildkröten gegen Krankheitserreger weniger anfällig, und ihre natürlichen Widerstandskräfte werden gestärkt. Dennoch kann es einmal zu einer Erkrankung oder Verletzung kommen. Dieses Kapitel soll den Pfleger keinesfalls dazu animieren, erkrankte Schildkröten selbst zu behandeln. Er sollte lediglich einige Krankheiten und Verletzungen erkennen sowie etwas über Ursachen und die Behandlung von Krankheiten erfahren. Ansonsten gehören die Patienten in die Hände eines in der Behandlung von Schildkröten erfahrenen Tierarztes.

Häufige Schildkrötenkrankheiten

Augenentzündung

Die Schildkröte hält die Augen meist verschlossen und hat geschwollene Augenlider. Bei geöffneten Augen sieht man eine gerötete Bindehaut. In den Augenwinkeln befinden sich gleichzeitig oft Eiter oder andere Flüssigkeitsansammlungen. Meistens sind eine zu kühle Haltung und Zugluft die Ursache. Aber auch Fremdkörper oder – vor allem bei Jungtieren – Vitamin-A-Mangel können diese Symptome auslösen.

Auf alle Fälle ist zur Behandlung eine Einzelhaltung bei etwa 28–30 °C erforderlich. Die Patienten sind zeitweise völlig trocken zu halten, damit sich die antibiotische Augensalbe, die zwischen Lid und Augapfel aufzutragen ist, nicht gleich wieder im Wasser auflöst.

Durchfall

Bei Wasserschildkröten ist es schwierig zu erkennen, wenn der Kot breiig oder flüssig ist. Aber oft riecht er auch sehr übel, so daß

Gesunde Augen sind nicht geschwollen oder treten aus den Augenhöhlen hervor.

man darauf aufmerksam wird, daß etwas nicht stimmt. Durchfall ist manchmal eine ernährungsbedingte Erscheinung, die vor allem durch verdorbenes Futter ausgelöst wird. Es kann sich aber auch um Entzündungen im Verdauungstrakt oder Parasiten (Würmer, Hexamiten) handeln, auch eine Schädigung der Darmflora ist möglich. Prüfen Sie durch Gewichtskontrollen, ob das Tier abnimmt. Ändert sich nach einer Fastenzeit von etwa einer Woche nichts, suchen Sie den Tierarzt auf.

Wärme oder auch ein Sonnenbad tut einer erkälteten Schildkröte gut.

Erkältung und Lungenentzündung

Unregelmäßiges, schweres Atmen, verbunden mit Geräuschen, Schleimabsonderungen aus der Nase (Bläschenbildung), apathisches Verhalten, oft in Zusammenhang mit Futterverweigerung, und ein überwiegender oder sogar ausschließlicher Aufenthalt an Land sind Anzeichen, daß hier eine Erkältung oder sogar Lungenentzündung vorliegt.

Ursache ist meist eine zu kühle Haltung mit Zugluft. Zu Erkältungen kommt es oft, wenn das Wasser warm ist und die Schildkröten kühle Luft einatmen müssen. Atemwegserkrankungen können auch im Freiland auftreten, wenn die Tiere im Frühjahr oder Herbst sehr wechselhaftem Wetter ausgesetzt sind. Lassen Sie bei solchen Witterungsbedingungen Schildkröten vorsichtshalber lieber bis Juni im Zimmerterrarium bzw. holen Sie sie schon Ende August herein.

Handelt es sich erst um einen Schnupfen, kann bereits eine Verbesserung der Haltungsbedingungen zur Heilung führen. Dennoch ist die Schildkröte sofort einzeln und warm (28–30 °C) zu halten. Wer sich nicht sicher ist, sollte auch mit einer verschnupften Schildkröte sofort zum Tierarzt gehen. Leichte Fälle sind gut kurierbar. Ist die Erkältungskrankheit weiter fortgeschritten, kann der Tierarzt kaum auf den Einsatz von Antibiotika verzichten.

Häutung

Dieser Vorgang ist selbstverständlich keine Krankheit, sondern typisch für das Wachstum von Reptilien. Vom Rücken- und Bauchpanzer lösen sich flache Schildersegmente ab, und die Haut an Gliedmaßen und Kopf löst sich in Fetzen. Unter der abgestoßenen alten Haut hat sich die neue bereits gebildet.

Kontrollieren Sie Rücken- und Brustpanzer regelmäßig auf Verletzungen.

Hexamiten

Es handelt sich um einzellige Parasiten, die den Darm und den Urogenitaltrakt besiedeln. Befallene Schildkröten bekommen Durchfall und häufig auch Nierenprobleme. Obwohl es sich bei Hexamiten um bei Schmuckschildkröten sehr häufig vorkommende Parasiten handelt, sind sie nur sehr schwer nachzuweisen. Meist kann nur ein spezialisierter Tierarzt die richtige Diagnose stellen.

Lähmungen

Ist die Schildkröte teilweise bewegungsgehemmt oder -unfähig, indem sie z. B. ihre Hinterbeine nachzieht, langsame Bewegungen macht und/oder zittert, können verschiedene Ursachen vorliegen. Neben Traumata, Infektionen, Vergiftungen oder Schädigungen des Nervensystems können dies auch Vitamin-B-Mangelerscheinungen sein.

Suchen Sie unbedingt einen Tierarzt auf. Lähmungen durch Vitamin-B-Mangel lassen sich manchmal durch rechtzeitige Vitamingaben beheben. Füttern Sie auf keinen Fall rohen Fisch, der das Antivitamin B enthält und dadurch Mangelerscheinungen auslöst.

Bei Verdacht auf Legenot gehen Sie am besten zum Tierarzt.

Legenot

Beginnt ein Weibchen mit dem Ausscharren von Nistgruben, legt aber keine Eier oder beginnt die Eiablage, setzt sie aber nicht weiter fort oder ist apathisch oder auch extrem unruhig, verweigert das Futter und leidet unter Atemnot in einer Zeit, in der Eier abgelegt werden müßten, weist dies auf eine Legenot hin.

Mit etwas Geschick und Erfahrung kann man die Eier ertasten, indem man die Hinterbeine des Tieres nach hinten zieht, mit einer Hand festhält und mit dem Zeigefinger der anderen Hand vorsichtig durch die hintere Panzeröffnung fühlt. Der

Bei einer Mittelohrentzündung kommt es zu Schwellungen im Trommelfellbereich.

sicherste Nachweis ist aber eine Röntgen- oder Ultraschalluntersuchung durch den Tierarzt, die die festsitzenden Eier zeigt.

Die Ursache für eine Legenot können Störungen bei der Eiablage, ungeeignete Eiablageplätze, zu niedrige Temperaturen des Landteils oder eine Entzündung der Eileiter oder Kloakenschleimhaut sein.

Durch das Verbessern von Temperatur und Luftfeuchtigkeit, eine lokale Erwärmung der Bauchseite, warme Bäder (30 °C) und Calcium-Injektion durch den Tierarzt läßt sich die Eiablage manchmal einleiten. Auch die Injektion des Wehenmittels Oxytocin kann eine Eiablage provozieren, wenn die Eier nicht in der Leibeshöhle beschädigt wurden und „festhängen". Eine vorherige Röntgen- oder Ultraschalluntersuchung ist aber auf jeden Fall nötig. Außerdem ist die Gabe dieses Mittels nicht ganz ungefährlich. Auch eine operative Entfernung der Eier ist möglich. Man sollte überlegen, ob bei diesem Eingriff gleichzeitig eine Kastration vorgenommen werden soll. Vor allem, wenn das Tier schon mehrfach unter einer Legenot gelitten hat, ist eine solche Operation sinnvoll, um weitere Komplikationen zu vermeiden.

Magen-Darm-Parasiten

Der Kot ist sehr weich, eventuell mit Würmern durchsetzt, und es ist ein starker Gewichtsverlust trotz Nahrungsaufnahme zu beobachten. Eine auftretende Apathie mit eingefallenen Augen kann Zeichen für einen Parasitenbefall sein. Vor allem bei Neuzugängen ist dann eine Kotuntersuchung unbedingt erforderlich.

Ursache könnten Band- und Fadenwürmer sein, die mit der Nahrung aufgenommen wurden. Vor allem Wildfänge sind besonders häufig mit Salmonellen oder Hexamiten infiziert. Eine schwache Kondition der Schildkröte führt zu einem Überhandnehmen der Parasiten und dem körperlichen Verfall des Tieres. Nach einer Kotuntersuchung und einer sicheren Parasiten-Bestimmung kann der Tierarzt wirksame Mittel einsetzen.

Otitis media (Mittelohrentzündung)

Das deutliche Auftreiben des Trommelfelles gilt als sicheres diagnostisches Kennzeichen (Bild S. 71). Oft halten die betroffenen Schildkröten auch den Kopf schief. Erreger einer Mittelohrentzündung sind u. a. *Pasteurella sp.* und *Neisseria sp.*

Nur ein chirurgischer Eingriff verspricht bei dieser Erkrankung einen Heilungserfolg. Der Tierarzt führt unter Lokal- oder Allgemeinanästhesie einen Schnitt aus, um den meist festen Eiterpfropf entfernen zu können. Tägliche Reinigung hält die Wunde vorerst offen, damit die Wundränder nicht vorzeitig verwachsen. Spülungen mit Desinfektionsmitteln und Antibiotikainjektionen sind bis zur vollständigen Abheilung der Entzündung nötig.

Panzerdeformationen

Der Panzer ist untypisch verformt mit Beulen oder Abflachungen. Häufig sind vor allem „Kamelhöcker".

Hauptursachen sind gewöhnlich zu geringe Vitamin- und Kalkgaben bei der Aufzucht der Tiere sowie UV-Licht-Mangel. Die Höcker treten vor allem auch dann auf, wenn Jungtiere zu schnell wachsen, wenn sie überfüttert werden bzw. zu eiweißreiche Kost bekommen und zu warm gehalten werden. Beim Auftreten der ersten Deformationen sind Haltung und Ernährung sofort umzustellen! Vorhandene Deformationen lassen sich nicht mehr korrigieren und bleiben als Schönheitsfehler erhalten.

Gerade für junge Schmuckschildkröten ist die regelmäßige Gabe...

Panzererweichung (Rachitis)

Der Panzer fühlt sich wie bei Weichschildkröten gummiartig an und läßt sich leicht verformen. Ursache ist ein Vitamin-D-Mangel in Verbindung mit Mangel an Kalk und UV-Licht. Es ist sofort auf eine vollwertige Ernährung mit Vitaminen und Mineralstoffen umzustellen. Außerdem müssen die Tiere mit UV-Licht bestrahlt werden. Der Tierarzt kann eventuell D3-Injektionen verabreichen. Obwohl die Heilungschancen gut sind, bleiben aber oft Panzerdeformationen zurück, die die Schildkröte in der Regel jedoch nicht beeinträchtigen und höchstens „Schönheitsfehler" sind.

Panzernekrose

Bei kleinen Verletzungen der Hornschilder können bestimmte Mikroorganismen (Bakterien, Pilze, Algen etc.) darunter gelangen. Dort verursachen sie manchmal Entzündungen, die bis in das Knochengewebe vordringen können. Nekrosen sind abgestorbene Gewebeteile lebender Organismen. Der Tierarzt muß dann die betreffende Fläche einschließlich des darunterliegenden abgestorbenen Gewebes entfernen. Mit Antibiotika wird versucht, die Nekrose zu stoppen und eine Wundheilung herbeizuführen.

Penisvorfall

Der Penis des Männchens (bräunlich bis rötlich-braun) befindet sich außerhalb der Kloake und wird nicht wieder eingezogen. Ursache ist meist eine Erschlaffung des Rückzugmuskels. Die betroffene Schildkröte ist sofort einzeln zu halten, damit keine Verletzung durch andere Schildkröten möglich ist. Gehen Sie mit dem Tier zum Tierarzt!

Vitaminmangelerscheinungen

Ernährungsbedingte Mangelerscheinungen können sich recht unterschiedlich darstellen. Im Gegensatz zu den übrigen Erkrankungen werden an dieser Stelle die häufig-

sich vielleicht nicht ganz so gewissenhaft um die Vitaminversorgung ihrer Tiere gekümmert haben.

Vitamin-A-Überdosierung. Einige Vitamin-Überdosierungen können zu Erkrankungen führen. Bei einem Überangebot an Vitamin A häuten sich die Schildkröten übermäßig.

Vitamin-D3-Überdosierung. Bei einem Überangebot an Vitamin-D3 wird den Knochen Kalk entzogen, der Panzer kann weich werden und Blutungen können auftreten. Im letzten Fall ist die Erkrankung bei rechtzeitigem Zufüttern von Vitaminen, vor allem Vitamin D, schnell zu stoppen.

... eines Vitamin- und Mineralstoffpräparates eine wichtige Gesundheitsvorsorge.

sten Symptome aufgeführt und um welchen Vitaminmangel es sich dabei handeln könnte. Wenn das Futter der Schmuckschildkröten regelmäßig mit Vitamingaben angereichert wird, kommt es jedoch selten zu solchen Mangelerkrankungen. Ein besonders empfehlenswertes, da ausreichend dosiertes Präparat ist Korvimin ZVT, das Sie bei Ihrem Tierarzt erhalten. Manchmal bekommt man jedoch Schmuckschildkröten von anderen Haltern, die

Vitamin-A-Mangel. Eine Immunschwäche kann durch einen Mangel an Vitamin-A bedingt sein.

Vitamin-B-Mangel. Sind die Schildkröten sehr apathisch und zeigen Lähmungserscheinungen an Gliedmaßen oder Augenlidern, kann ein Mangel an Vitaminen des Vitamin-B-Komplexes vorliegen.

Vitamin-C-Mangel. Eine Empfindlichkeit für Infektionen kann aber auch auf einen anderen Vitaminmangel hinweisen. Treten gleichzeitig blutige Schleimhäute im Mundraum auf, ist die Ursache möglicherweise ein Vitamin-C-Mangel.

Vitamin-D-Mangel. Knochen- und Panzererweichung (Rachitis) sind häufig eindeutige Hinweise auf einen Vitamin-D-Mangel!

Weißfleckenkrankheit

Diese Pilzerkrankung ist gelegentlich bei jungen Schmuckschildkröten zu beobachten. Es treten plötzlich kleine weiße Flecken auf der Haut, vor allem aber am Bauchpanzer, auf. Im fortgeschrittenen Stadium kommt es zur Nahrungsverweigerung, und es fallen die Krallen ab. Diese Hautkrankheit breitet sich rasch aus und muß vom Tierarzt behandelt werden. Kurze Bäder in Kochsalzlösung können die Heilung unterstützen.

UV-Licht ist für das Panzerwachstum wichtig.

Sauberes Wasser ist eine Grundvoraussetzung für gesunde Tiere.

Wunden

Schmuckschildkröten verletzen sich meist an den nur von Haut geschützten Weichteilen. Sind die Verletzungen nicht zu tief und ist das Wasser sauber, heilen kleinere Wunden gewöhnlich gut. Um den Heilungsprozeß zu unterstützen, hält man die Schildkröte am besten einzeln (Quarantänebecken), zeitweise trocken und bedeckt die Wunde mit einem Desinfektionsmittel. Vor dem Zurücksetzen in das Wasser kann man die Wunde noch mit Lebertransalbe abdecken. Tiefer gehende Wunden müssen unbedingt von einem Tierarzt untersucht und behandelt werden.

Quarantäne

Setzen Sie einen Neuzugang nicht sofort zu den anderen Schildkröten.

Erwerben Sie neue Schmuckschildkröten, so dürfen diese keineswegs gleich zu den alteingesessenen Tieren gesetzt werden. Eine Quarantänezeit von etwa drei Monaten ermöglicht es dem Pfleger, den Neuzugang kritisch in einem Quarantänebecken zu beobachten. Während der Quarantänezeit sollten die Schildkröten möglichst einzeln gehalten werden, um eventuelle Ansteckungen zu vermeiden. Sinnvoll ist auf jeden Fall eine Kotuntersuchung durch den Tierarzt, um einen Parasitenbefall auszuschließen oder nötigenfalls zu behandeln.

Das Quarantänebecken

Als Quarantänebecken eignen sich ausrangierte Aquarien, aber vor allem Kunststoffaquarien, da sie leicht zu reinigen sind. Eine geräumige Plastikwanne ist als Quarantänebecken ebenfalls geeignet. Wichtig ist der praktische Nutzen. Das Becken sollte kompakt und leicht zu transportieren und zu reinigen sein.

Als grobe Faustregel für die erforderliche Größe des Quarantänebeckens können Sie sich folgendes merken: Um die Grundfläche zu errechnen, nehmen Sie als notwendige Länge die Panzerlänge x 4 und davon die Hälfte als Beckenbreite. Als Wasserhöhe ist etwa

die doppelte Panzerbreite als Richtschnur anzulegen. Genaue Größenangaben sollten Sie den „Mindestanforderungen an die Reptilienhaltung“ (siehe hintere Klappe) entnehmen. Zu beengt untergebrachte Schmuckschildkröten zeigen manchmal durch ständiges Kratzen an den Wänden, daß sie sich nicht wohlfühlen.

Die Wassertemperatur im Quarantänebecken sollte für die meisten Arten bei 25–27 °C, die Lufttemperatur noch etwas höher liegen. Im Lichtkegel eines Wärmestrahlers sind Temperaturen zwischen 30 und 35 °C erforderlich. Der Strahler ist auf einen Platz für Sonnenbäder zu richten. Dazu kann ein flacher Stein dienen, der auf Ziegelsteinen liegt. Damit die Schildkröte keinen Zug bekommt, decken Sie oben das Quarantänebecken mit einer Glasscheibe bis auf einen Luftschlitz ab. Beim täglich erforderlichen Wasserwechsel achten Sie auf die Ausscheidungen der Schildkröte (Würmer etc.) und bürsten den Stein unter fließendem Wasser immer gründlich ab.

In einer dichten Kolonie ist die Ansteckungsgefahr groß.

Schmuckschildkröten – ein Gesundheitsrisiko?

Es ist unbestritten, daß Schildkröten für Menschen eine Infektionsquelle darstellen können. Bereits 25–50% der Jungtiere eines Bestandes sind gewöhnlich mit krankmachenden Mikroorganismen infiziert. Denn diese können sogar über die pergamentartige, flüssigkeitsdurchlässige Eischale in das Ei eindringen. Die auf Zuchtfarmen erbrüteten Schmuckschildkröten-Babys werden auf engstem Raum gehalten, wodurch weitere Infektionen möglich werden.

Als Krankheitserreger spielen vor allem Bakterien wie *Salmonella arizonae* eine Rolle. Denn diese Darmmikroben können offenbar Stämme bilden, die auch die Gesundheit des Menschen gefährden.

Amerikanische Wissenschaftler entdeckten Anfang der 70er Jahre bei Untersuchungen im Bundesstaat New Jersey, daß an Salmonellen erkrankte Kinder häufig Schildkröten als Spieltiere besaßen. Überhaupt wurde die Vermutung geäußert, daß in den USA jährlich etwa 14% der an Salmonellose erkrankten Men-

TIP

Sollten Sie oder andere Personen, die mit Schildkröten häufig Kontakt haben, an einer Salmonellose erkranken, weisen Sie den behandelnden Arzt darauf hin!

Wichtige Hygienehinweise

- Waschen Sie sich vor und nach dem Kontakt mit den Schildkröten, dem Wasser oder dem Terrarienzubehör immer gründlich die Hände!
- Beim Reinigen des Wasserteils dürfen Sie niemals das Schmutzwasser mit dem Mund ansaugen! Füllen Sie statt dessen den Ablaßschlauch mit Wasser, und hängen Sie das eine Ende in einen Eimer, nachdem Sie das andere Ende auf den Grund des Wasserteils gedrückt haben!
- Verabreichen Sie ohne Rücksprache mit einem Tierarzt niemals Medikamente. Ein grundloser Einsatz von Antibiotika führt unter anderem dazu, daß es bei einer notwendigen Therapie nicht mehr wirkt, weil die Erreger dagegen immun geworden sind!
- Halten Sie Ihre Schildkrötenanlage stets sauber. So können Sie einer Vermehrung von Krankheitserregern vorbeugen!

schen durch Schildkröten infiziert wurden. Dabei handelte es sich keineswegs um eine verschwindend geringe Personengruppe, sondern um immerhin 280 000 Patienten! Die Regierung verbot daraufhin den Verkauf von Schildkröten unter 10 cm Panzerlänge, aber auch den Verkauf von Schildkröteneiern!

Bereits einige Jahre später ließ sich durch eine weitere Untersuchung feststellen, daß Salmonellen-Krankheitsfälle bei Menschen deutlich zurückgegangen waren.

Auch die Kaltblüter-Tuberkulose (Mykobakteriose) ist auf den Menschen übertragbar. Meist tritt bei ihm nur die Hautform auf, immungeschwächte Personen können aber durchaus auch die Allgemeinform bekommen. Die Schildkröten infizieren sich an Futterfischen.

Jedes Lebewesen ist bemüht, seine Art zu erhalten – auch Schmuckschildkröten! Berücksichtigt man bei der Pflege den natürlichen Jahresrhythmus und bietet den Weibchen geeignete Möglichkeiten zur Eiablage, kommt es auch in Menschenobhut zur Fortpflanzung. Über die richtige Versorgung der Eier und deren Bebrütung sowie die artgerechte Aufzucht der Jungtiere informiert das folgende Kapitel.

Richtig züchten

Die Sache mit dem Nachwuchs

Wer seine Schmuckschildkröten richtig pflegt und auch den richtigen Jahresrhythmus einhält, wird zwangsläufig feststellen, daß auch Schmuckschildkröten für Nachwuchs sorgen möchten.

Arten aus den gemäßigten Breiten wie z. B. Zierschildkröten (Chrysemys picta) geraten nach der Überwinterung meist automatisch in die Fortpflanzungsstimmung, Arten aus tropischen und subtropischen Regionen nach dem Zuschalten weiterer Lampen, vor allem mit UV-Strahlen, oder nach dem Umsetzen in die Freilandanlage.

Spätestens dann wird der unerfahrene Schildkrötenhalter plötzlich mit der Frage konfrontiert: „Was muß ich unternehmen, damit meine

Ganz selten kann es in gemischten Schildkrötengruppen auch zu Mischlingen kommen.

Schmuckschildkröten erfolgreich Nachwuchs bekommen?" Es mag aber auch den einen oder anderen geben, der gar keinen Nachwuchs haben möchte, da er genug Schildkröten hat.

Aber meistens siegt die Neugier, ob es überhaupt klappt. Denn es ist immer noch etwas Besonderes, Schildkröten erfolgreich im Terrarium zu vermehren. Die Gefahr, alles mögliche falsch zu machen, ist einfach zu groß. Wer die Schildkröten mit Erfolg züchten möchte, sollte dieses Kapitel aufmerksam lesen. Grundsätzlich leichter wird die Zucht, wenn man dabei einige Faktoren beachtet.

Jahresrhythmus und Fortpflanzung

In der Natur sind Schildkröten stets dem in der Region üblichen Klima (Licht und Temperatur) ausgesetzt. Im Terrarium können wir das Klima oder besser „Milieu" selbst bestimmen.

Es wird oft übersehen, daß das Klima und die unterschiedlichen Jahreszeiten auch einen großen Einfluß auf den Biorhythmus der Schildkröten haben. Es wäre völlig unsinnig, wenn die Weibchen in der kühlen Jahreszeit Eier ablegen würden. Aus ihnen würden nie Jungtiere schlüpfen.

Obwohl es nicht ganz auszuschließen ist, daß der Fortpflanzungszyklus der Schildkröten von genetisch festgelegten Faktoren gesteuert wird, kommt doch den jahreszeitlich bedingten Klimaschwankungen eine große Bedeutung zu. In den nördlichen Breiten können wir deutlich vier Jahreszeiten unter-

Oben eine weibliche, unten eine männliche Schmuckschildkröte.

scheiden, mit zum Teil sehr krassen Temperaturunterschieden und Tageslichtlängen. In den tropischen und subtropischen Regionen wechseln sich Trockenzeiten und Regenzeiten ab. Auch diese Zeiten sind mit Temperatur- und Lichtunterschieden verbunden.

Bei Untersuchungen an männlichen Zierschildkröten (*Chrysemys picta*) konnte man feststellen, daß in den Monaten Juli bis Oktober in den Hoden Spermien gebildet werden. In dieser aktiven Zeit sind die Hoden auch deutlich größer und werden im November wieder deutlich kleiner. Die Schildkröten paaren sich jedoch nicht in diesem Zeitraum, sondern die Spermien werden monatelang in den Nebenhoden gespeichert. Erst nach der Winterruhe (Winterstarre) beginnt die Fortpflanzungszeit der Zierschildkröten.

Im folgenden Frühjahr, etwa im März/April, begeben sie sich auf die Suche nach einer geeigneten Partnerin. Bemerkenswert ist, daß bei weiblichen Zierschildkröten im September auch die Follikel in den Eierstöcken heranzuwachsen beginnen. Zu Beginn der Paarungszeit (März) haben sie ihren größten Durchmesser erreicht, und nun sind Paarungen auch sinnvoll.

In ähnlicher Weise werden sicherlich auch die Fortpflanzungszeiten anderer Schmuckschildkröten gesteuert. So schreiten die Arten in den tropischen Regionen oft nach

7 Tips zur Schildkrötenzucht

1 Achten Sie bei der Zusammenstellung von Gruppen auf möglichst gleichgroße/gleichalte Exemplare. Dabei ist aber zu berücksichtigen, daß Männchen gewöhnlich kleiner als Weibchen bleiben!

2 Versuchen Sie Tiere zu bekommen, die möglichst aus der gleichen Region – mit dem gleichen Jahresrhythmus – stammen!

3 Trennen Sie Männchen und Weibchen vor der Paarungszeit, und setzen Sie die Männchen erst nach einem Wasserwechsel wieder dazu.

4 Schalten Sie in der Fortpflanzungszeit einmal eine UV-Lampe (z. B. OSRAM-ULTRA-VITALUX) hinzu (maximal 2 x 1/2 Stunde täglich).

5 Verabreichen Sie trächtigen Weibchen ein besonders abwechslungsreiches, vitamin- und mineralstoffreiches Futter!

6 Trächtige Weibchen sollten nicht ständig durch Männchen oder andere Schildkröten behelligt werden. Störenfriede kommen bis nach der Eiablage in ein anderes Becken!

7 Für die natürliche Eiablage benötigen Weibchen einen geeigneten Eiablageplatz, der immer über der Wasseroberfläche liegen und durch einen Steg erreichbar sein muß. Als Substrat eignet sich ein leicht feuchtes, lockeres Sand-Torf-Erde-Gemisch, das Temperaturen von 25–30 °C aufweisen sollte. Im günstigsten Fall haben die Weibchen mehrere Auswahlmöglichkeiten!

Eine weibliche Rotwangen-Schmuckschildkröte beim Zuscharren der Eigrube.

der Trockenzeit, mit Beginn der Regenzeit zur Fortpflanzung. Über die jeweiligen klimatischen Bedingungen einer Region geben Klimaatlanten Auskunft.

Dort wird auch deutlich, daß man Schmuckschildkröten aus den nördlichen Regionen ihres Verbreitungsgebietes eine Überwinterung gönnen sollte. Es gehört zu ihrem Lebensrhythmus und führt auch im Terrarium zur Fortpflanzungsbereitschaft.

Aber vergessen Sie auch eines nicht: In der Winterruhe legt der Organismus der Schildkröte eine Ruhephase ein. Die Schildkröte wächst zu diesem Zeitpunkt auch nicht und verliert so gut wie nicht an Gewicht.

Paarung und Eiablage

Sobald das Weibchen bei der Balz (Balzverhalten siehe Seite 108) ruhig wird und nicht flüchtet, zeigt es, daß es nun ebenfalls zur Paarung bereit ist. Jetzt kann das Männchen aufreiten und die Paarung vollziehen.

Etwa 3–6 Wochen nach der Befruchtung sucht das trächtige Weibchen das Landteil auf, gräbt

Entwicklungszeiten der Eier in Tagen

Einige Entwicklungszeiten von Schmuckschildkröteneiern bei teilweise schwankenden und fast konstanten Temperaturen

Arten	22–25 °C	25–30 °C	29–30 °C	30–32 °C
Chrysemys picta	80-90	66–75	48–56	49–55
Pseudemys concinna	114	69–78	63–67	53–59
Trachemys scripta	112	67–70	59–69	55–62

mit den Hinterbeinen vorsichtig eine Nistgrube und legt dort die Eier hinein. Die Tiefe des Landteiles muß der Panzerlänge des Weibchens entsprechen! Damit die Grube nicht immer wieder in sich zusammenfällt, muß der Sand immer leicht feucht und etwa 25–30 °C warm sein.

Nach der Eiablage macht das erschöpfte Weibchen erst einmal eine Pause, und dann scharrt es mit den Hinterbeinen die Nistgrube wieder zu. Wird es vor und bei der Eiablage gestört, müssen alle anderen Schildkröten für diesen Zeitraum entfernt und in einem anderen Becken gehalten werden, da es sonst zu einer Legenot (siehe S. 70) kommen kann, die sogar zum Tod des Weibchens führen kann.

Eier künstlich bebrüten

So wird's gemacht

Damit die Eier bei weiteren Grabtätigkeiten nicht beschädigt werden und sich entwickeln kön-

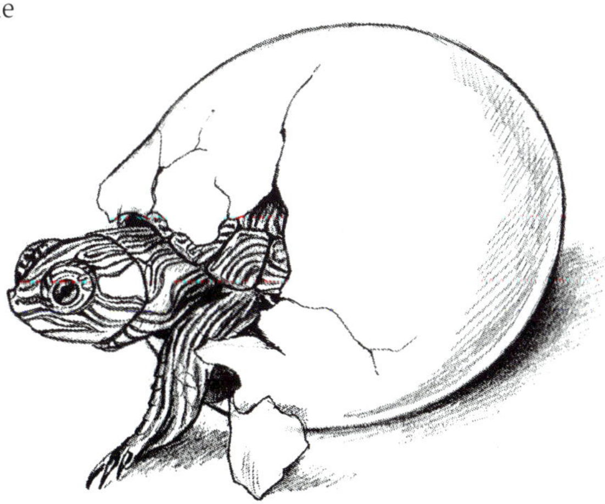

Ein Schildkröten-Baby verläßt sein Ei.

nen, müssen sie erst einmal wieder freigelegt werden. Vorsichtig macht man mit einem Bleistift auf ihrer Oberseite ein Kreuz, denn die Eier dürfen nun nicht mehr in ihrer Lage verändert werden. Ohne sie zu drehen, legt man nun die Eier in eine Kunststoffdose, die halb mit leicht feuchtem Sand oder feinem Kies gefüllt ist. Andere Züchter schwören auf feuchten Torf und wieder andere auf das Granulat Vermiculite.

Zuvor drückt man in das Substrat leichte Mulden, damit die Eier nicht hin und her rollen können. Anschließend verschließt man die Dose mit einem Deckel, unter den man ein Tuch spannt, damit keine Wassertropfen auf die Eier fallen. Außerdem wird dadurch die notwendige höhere Luftfeuchtigkeit gewährleistet.

Beim Sonnenbaden...

Dieser Brutbehälter muß nun an eine Stelle gebracht werden, an der Temperaturen von 24–30 °C herrschen, obwohl die Bebrütung auch bei 2 °C niedrigeren und höheren Temperaturen noch möglich ist. Im einfachsten Fall kann das eine Stelle im Heizungskeller sein oder unter dem Lampenkasten eines Aquariums (vorher mit einem Thermometer testen). Sie können sich aber auch mit einfachen Mitteln selbst einen Brutapparat bauen (siehe Seite 96).

Wöchentlich ist der Zustand der Eier zu kontrollieren. Mit Schimmel befallene Eier oder solche, die sich von den übrigen farblich ungünstig abheben bzw. beschädigt sind, muß man unverzüglich entfernen.

Die Entwicklungszeit

Die Entwicklung der Embryonen ist in erster Linie von der Umgebungstemperatur abhängig. Zusätzlich ist eine gewisse Feuchtigkeit erforderlich, da diese beim Wachstum der Embryonen benötigt wird. Der Tabelle (siehe Seite 89) kann man entnehmen, wie viele Tage die Entwicklung (Inkubationszeit) bei eini-

Schmuckschildkröten sonnen sich gerne zu mehreren im Schutz von Pflanzen.

gen Arten bis zum Schlupf dauert. Dabei werden auch die unterschiedlichen Temperaturbedingungen angegeben. Die Mittelwerte sind sicherlich auch auf andere Schmuckschildkröten-Arten übertragbar.

Die Bruttemperatur bestimmt das Geschlecht

Seit einigen Jahren steht fest, daß man bei der künstlichen Bebrütung von manchen Reptilieneiern auf das zukünftige Geschlecht des Embryos Einfluß nehmen kann. Mit anderen Worten: Wenn man gerne Weibchen oder Männchen erbrüten möchte, kann man dies durch die Bruttemperatur bestimmen.

So wurde auch bei bestimmten Schildkröten beobachtet, daß aus Eiern, die bei 25 °C erbrütet wurden, fast nur männliche Jungtiere schlüpften. Demgegenüber schlüpften aus Eiern, die man bei 31 °C erbrütete, vorwiegend Weibchen.

Die Geschlechtsentwicklung wird offenbar im mittleren Drittel der Inkubationszeit festgelegt, das heißt:

Mit diesen Anlagen sind Sie gut auf Schildkröten-nachwuchs vorbereitet.

Sowohl für die „werdende Mutter"als auch für die empfindlichen Eier ist bis zum Schlupf bestens gesorgt.

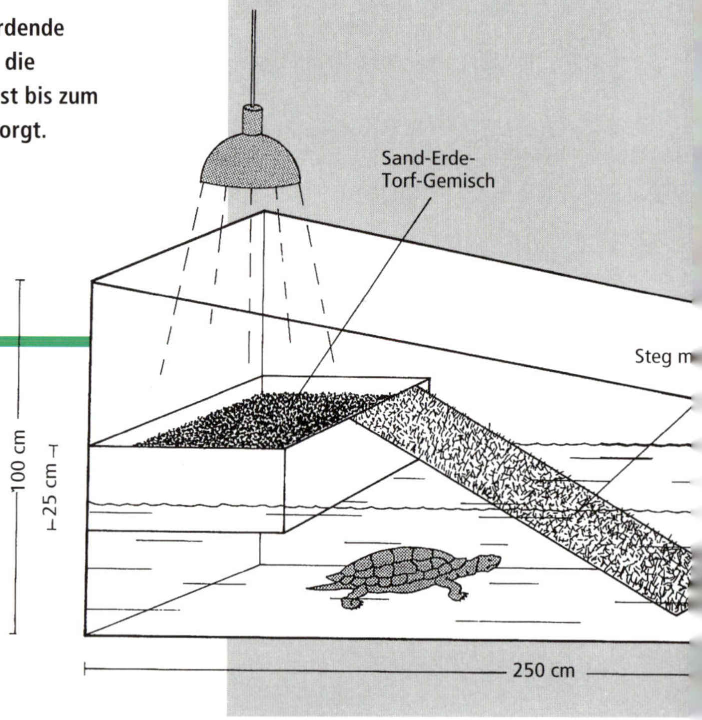

1 So kann ein einfaches Aquaterrarium mit Eiablage- und Sonnenbadeplatz für Schmuckschildkröten aussehen.

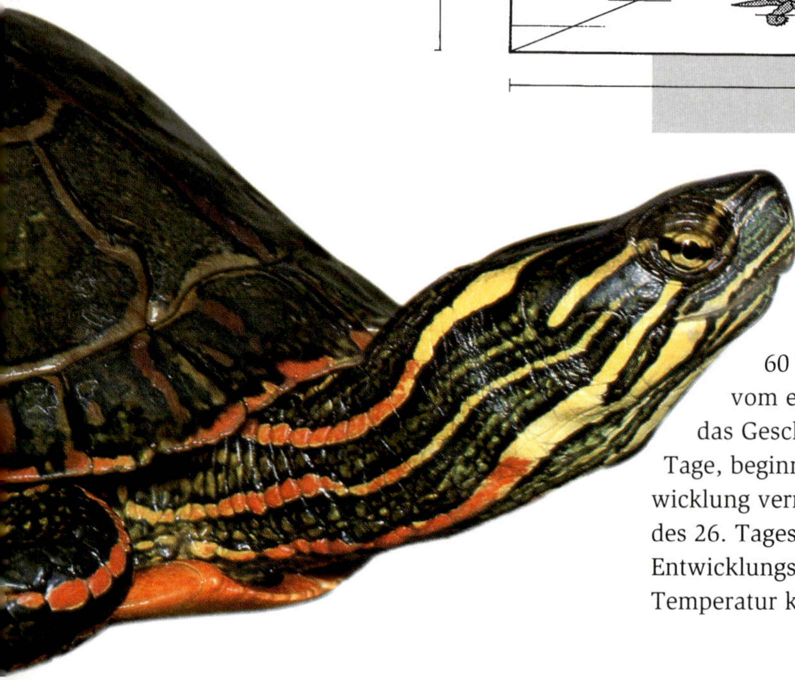

Dauert die gesamte Entwicklung des Schildkrötenembryos bis zum Schlupf 60 Tage, entwickelt sich vom etwa 20. bis 40. Tag das Geschlecht. Dauert es 80 Tage, beginnt die Geschlechtsentwicklung vermutlich nach Ablauf des 26. Tages. Ist das 2. Drittel der Entwicklungszeit vorbei, hat die Temperatur keinen weiteren Einfluß

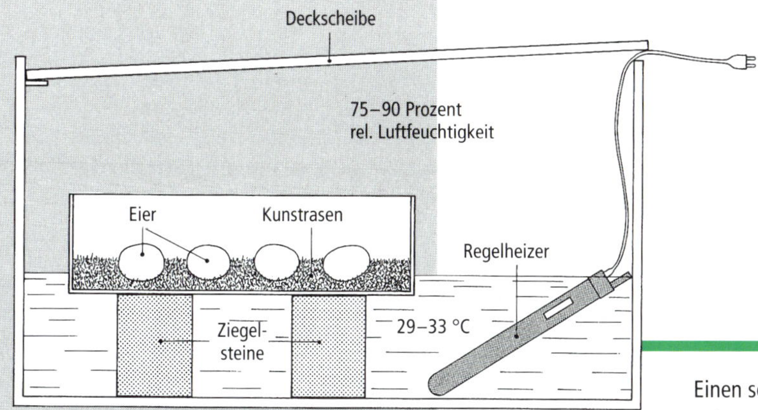

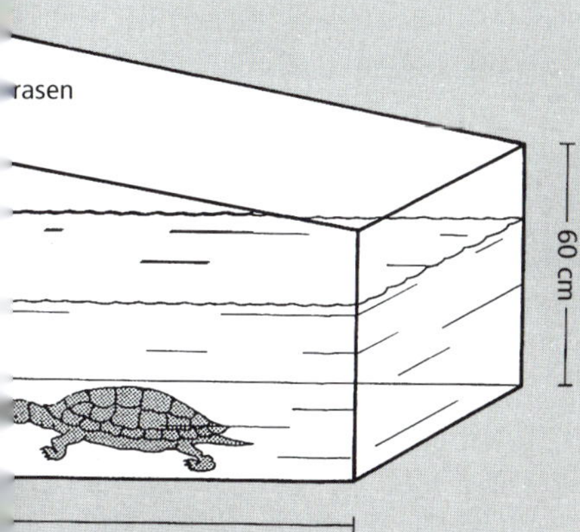

2 Einen solchen Brutbehälter zum Bebrüten von Schmuckschildkröten-Eiern können Sie sich mit recht einfachen Mitteln selbst bauen.

mehr auf die Geschlechtsentwicklung, sondern nur noch auf die Dauer der Entwicklung.

Von Sumpfschildkröten (Familie Emydidae), also auch Schmuckschildkröten, ist bekannt, daß es leichter ist, auf diese Weise Männchen zu „produzieren" als Weibchen. Demgegenüber gibt es auch Schildkröten, deren Geschlecht durch unterschiedliche Chromosomen genetisch fixiert ist und nicht durch Temperaturen beeinflußt werden kann. Zu diesen Schildkröten gehören z. B. einige Weichschildkröten-Arten (Trionyx) und Kreuzbrustschildkröten (Staurotypus).

Bei manchen Weichschildkröten ist das Geschlecht Bruttemperatur-unabhängig.

Aufzucht der Jungtiere

Bei Schmuckschildkröten kann der Schlupfvorgang 1–2 Tage dauern, bis sie die mit dem Eizahn geöffneten Eihüllen verlassen haben. Stören Sie die Tierchen während dieser Zeit nicht, da sie sonst zu früh aus den Eischalen flüchten und dann den noch nicht völlig in die Bauchhöhle gezogenen Dottersackrest hinter sich herziehen. Dabei kann es zu Verletzungen oder Verschmutzungen kommen, so daß die Schlüpflinge daran eingehen.

Auch nach dem Schlüpfen sollte man die Jungtiere noch einige Tage im Brutbehälter belassen, denn sie nehmen noch keine Nahrung zu sich. Sobald ihr „Bauchnabel" verschlossen ist, können sie in ein Aufzuchtbecken überführt werden. Da die Aufzucht nur unter optimalen Bedingungen störungsfrei gelingt, sollten Sie sehr großen Wert darauf legen. Die Licht- und Temperaturverhältnisse müssen die gleichen wie bei den Eltern sein. Als Futter benötigen sie jedoch tierische Kost. Gibt man selbstgemachtes Geleefutter, dann können auch pflanzliche Bestandteile darin sein. Besonders wertvolles Aufzuchtfutter stellen Regenwürmer dar, da mit ihnen der Jagdtrieb geweckt wird und sie neben viel Eiweiß auch alle wertvollen Mineralien beinhalten. Im Sommer bietet man ihnen außerdem Wasserflöhe, Mückenlarven und Bachflohkrebse an.

Das Wasser der Jungtiere ist täglich zu reinigen, damit es nicht zu einem Überhandnehmen von Krankheitserregern kommen kann.

Wie schnell wachsen Schmuckschildkröten?

Schmuckschildkröten können je nach Art recht unterschiedlich groß werden. Die nordamerikanische Rotbauch-Schmuckschildkröte und die Costa Rica-Schmuckschildkröten können sogar eine Panzerlänge von bis zu 40 cm erreichen.
Die meisten im Aquaterrarium gepflegten Arten erreichen aber nur Panzerlängen von etwa 20–25 cm. Davon gehen auch die folgenden Werte aus. Du solltest auch Deine Schildkröten in bestimmten Abständen messen und wiegen und die Werte in Deinem Tierpaß oder Pflegetagebuch schriftlich festhalten. Jungtiere mißt und wiegst Du wöchentlich, Halbwüchsige und Erwachsene mindestens nach einem halben Jahr wieder.
Nachdem die Schmuckschildkröten das Ei verlassen haben, wachsen sie in der Natur im ersten Lebensjahr auf eine Panzerlänge von ungefähr 5–7 cm heran. Dabei ist die Länge als Stockmaß gemeint. Um die Schildkröte zu messen, legt man sie auf ein Lineal und stellt so die Panzerlänge fest. (Falsch wäre es, mit einem Maßband von der vorderen Panzeröffnung bis zum Ende der Schwanzschilder zu messen.)
Im zweiten Lebensjahr können Schmuckschildkröten bereits eine Panzerlänge von 7–11 cm erreichen.

Hast Du Dir halbwüchsige Schmuckschildkröten angeschafft, kannst Du anhand der Maße deren Alter ungefähr vermuten.
Im dritten Jahr wird oft schon angedeutet, ob es sich um Männchen oder Weibchen handelt, da Weibchen dann bereits Panzerlängen von 9–15 cm aufweisen können, Männchen meist nur 8–12 cm.
Im vierten Jahr haben Weibchen gewöhnlich eine Panzerlänge von 13–18 cm, Männchen 10–14 cm, und das Wachstum geht nun deutlich langsamer vonstatten.
Im 5. Lebensjahr messen Weibchen durchschnittlich 17 cm und Männchen 13 cm.
Leider gibt es über das richtige Körpergewicht der jeweiligen Schildkrötenarten nur sehr abweichende Angaben. Daher mußt Du beim Wiegen Deiner Tiere selbst feststellen, ob sie zu- oder abgenommen haben – vor allem nach einer Überwinterung!

Mit der Anschaffung eines Hundes oder einer Katze hat man gewöhnlich ein neues Familienmitglied gewonnen, das seine Gefühle sehr wohl für uns verständlich auszudrücken vermag. Ob sich die faszinierenden „lebenden Fossilien" in unserer Obhut hingegen wohl fühlen oder nicht, ist etwas schwieriger festzustellen. Um dies beurteilen zu können, muß man sie regelmäßig beobachten.

VERHALTEN VERSTEHEN

Von der Biologie zum Verhalten

Die Rotwangen-Schmuckschildkröte schwebt schwerelos an der Wasseroberfläche.

Wenn man das Verhalten von Schmuckschildkröten richtig verstehen und beurteilen will, muß man sich zwangsläufig mit einigen ihrer Körperfunktionen auseinandersetzen. Wieso können Schmuckschildkröten zum Beispiel tauchen und im Wasser schweben? Dies ist möglich, da Schmuckschildkröten die Luft von einem Lungenteil in einen anderen strömen lassen können, um im Wasser eine willkürliche Gewichtsverlagerung vorzunehmen. Die Lungen entsprechen in ihrer Funktion etwa den Schwimmblasen der Fische oder den Lufttanks eines U-Bootes. Sind ihre Lungen erkrankt, z. B. durch eine Erkältung (Entzündung), liegen und schwimmen Schmuckschildkröten oft schief im Wasser und sind auch nicht mehr in der Lage zu tauchen.

Temperaturen und Aktivitäten

Schmuckschildkröten sind – wie alle Reptilien – wechselwarme Wirbeltiere. Dadurch stehen ihre Lebensvorgänge stets in direkter Beziehung zu ihrer Umgebungstemperatur. Dies heißt jedoch nicht, daß ihre Körpertemperatur immer identisch mit der Umgebungstemperatur ist, denn Reptilien haben gewöhnlich etwas höhere Temperaturen, auch verursacht durch Stoffwechselvorgänge im Körper.

Aber dennoch sind Reptilien nicht in der Lage, ihre Körpertemperatur langfristig aufrechtzuerhalten. Deshalb bemühen sich die Tiere, ihre für Aktivitäten erforderliche „Betriebstemperatur" mit Hilfe der physikalischen Umwelteinflüsse zu erreichen.

Auch Schmuckschildkröten sind deshalb gezwungen, bei zu niedrigen Körpertemperaturen wärmere, bei zu hoher Körpertemperatur kühlere Stellen aufzusuchen. Untersuchungen zeigten, daß ihre optimale Körpertemperatur je nach Art bei 30–32,7 °C liegt. Steigt die Körpertemperatur auf 40 °C, wirkt dies bereits tödlich! Schmuckschildkröten sind manchmal in Kleingewässern zu hohen Temperaturen ausgesetzt. Um dem Hitzetod zu entgehen, graben sie sich dann tief in den Bodenschlamm ein. Sinken die Temperaturen im nördlichen

Schon junge Rotwangen-Schmuckschildkröten sind geschickte Schwimmer und Taucher.

Teil des Verbreitungsgebietes zu sehr, fallen sie an einer geschützten Stelle in eine Winterstarre (siehe Seite 115).

Die Sinnesleistungen

Das Gehirn der Schildkröten ist recht klein, jedoch in allen Teilen (Vorder-, Klein-, Groß- und Zwischenhirn) entwickelt.

Immer wieder werden Schildkröten als recht dumme Tiere angesehen. Dabei erbrachten einfache Dressur- und Lernversuche Beweise genug, daß sie keineswegs dümmer sind als andere Reptilien. In Versuchen, bei denen Schmuckschildkröten aus einem Labyrinth verschiedene Auswege „erlernen" mußten, erwiesen sich die Tiere sogar als recht intelligent.

Wichtige Sinnesorgane: Augen und Nase.

Auge und Nase sind im Leben der Schmuckschildkröten für Sinneswahrnehmungen die wichtigsten Organe. Dabei ist der Riechapparat das leistungsfähigste Sinnesorgan. Er besteht aus der Nase und dem daran angeschlossenen Jacobsonschen Organ. Schmuckschildkröten können sogar im Wasser riechen, indem sie bei leicht geöffnetem Maul Wasser durch die Nase ziehen und sofort wieder durch den Mund entleeren. Außerdem können sie recht gut selbst geringfügige Erschütterungen wahrnehmen, wodurch herannahende Störenfriede oder mögliche Feinde schnell registriert werden.

Zwischen den Knochenplatten und Hornschildern des Panzers befindet sich eine dünne lebende Hautschicht, die mit Nerven und Blutgefäßen versorgt ist. Daher sind Schildkröten an ihrem Panzer auch nicht gefühllos, wie häufig angenommen wird. Der Temperatursinn der Haut, auch im Panzerbereich, ist besonders gut entwickelt und für die wechselwarmen Schildkröten ja auch lebensnotwendig.

Die Ohren spielen dagegen im

Mit ihrem Panzer kann eine Schildkröte Berührungen und die Temperatur wahrnehmen.

Leben der Schmuckschildkröten keine besondere Rolle. Äußerlich ist das Ohr der Schildkröten kaum erkennbar, sondern lediglich das ungeschützte, derbe Trommelfell. Im Vergleich mit anderen Reptilien gleicht das Schildkrötenohr dem der Echsen. Bemerkenswert ist die aus zwei Kammern bestehende Paukenhöhle, wobei die trichterförmige äußere Kammer einen Knorpelstab enthält, der das Trommelfell gleich mit dem zum Innenohr führenden Gehörknöchelchen (Columella) verbindet. Obwohl das Ohr recht kompliziert gebaut ist, ist das Hörvermögen offenbar sehr eingeschränkt. Heute weiß man, daß Schildkröten nicht ganz taub sind, sondern niedrige Frequenzen bis zu 1000 Hertz hören können. Halbwegs gut sollen sie jedoch nur tiefere Töne zwischen 200 und 500 Hertz wahrnehmen können.

Die Augen der Schmuckschildkröten reagieren in erster Linie auf bewegte Reize. In Versuchen zeigte sich, daß ihre Schreck- und Fluchtreaktion bereits durch bewegte Schatten ausgelöst wird. Sonnenbadende Schmuckschildkröten ziehen bei jedem „Schreck“ erst einmal den Kopf in den Panzer und lassen sich bei ihrer Flucht im günstigsten Fall einfach in das Wasser fallen. Je schneller der bewegte Reiz ist, um so schneller ist auch die Schreck- und Fluchtreaktion. Im Freilandterrarium gehaltene Schmuckschildkröten „verwildern" oft wieder und reagieren auf schnelle Annäherung des Pflegers mit einer schnellen Flucht. Geht er langsam auf die Tiere zu, unterbleibt die Flucht häufig oder erfolgt erst bei geringerer Distanz.

Das Unterscheidungsvermögen von Grauwerten (Helligkeitswahrnehmung) ist bei Schmuckschildkröten wohl weniger gut ausgebildet. Recht gut dagegen funktioniert aber das Vermögen, die Farben Rot, Grün und Gelb zu unterscheiden. Mit Hilfe ihrer Augen können sich die Tiere daher räumlich recht gut orientieren, erkennen frühzeitig Gefahren, finden Nahrung und in der Fortpflanzungszeit einen möglichen Partner.

Das Schmerzempfinden scheint bei Schmuckschildkröten nicht sehr ausgeprägt zu sein, da selbst schwerverletzte Exemplare noch bei der Balz und Paarung beobachtet werden konnten.

Wahre Überlebenskünstler

Im Zusammenhang mit der Betriebstemperatur steht natürlich auch der Sauerstoffbedarf und -verbrauch. Hierbei erweisen sich Schmuckschildkröten als wahre Überlebenskünstler, jedoch ohne dies willkürlich steuern zu können.

Der Panzer bestimmt nicht nur die äußere Form der Schildkröten und gibt der Körperhöhle gleichzeitig eine feste Größe, sondern beeinträchtigt dadurch auch die inneren Organe, wie zum Beispiel die Lungen.

Der Eingang zur Luftröhre erfolgt über den gut erkennbaren Kehlkopf. Anschließend teilt sich die Luftröhre in zwei Bronchialäste, die in die beiden Lungenlappen münden. Diese liegen hinter dem Schultergürtel direkt unter dem Rückenpanzer. Da der Brustkorb nicht dehnbar ist, erfolgt die Hauptatmung durch das Zusammenziehen von Muskeln. Durch deren Kontraktion wird das Volumen der Körperhöhle vergrößert und durch den entstehenden Unterdruck Luft eingeströmt. Bei der Ausatmung erschlaffen die Muskeln, und die inneren Organe werden gegen die Lunge gepreßt. Bei Schmuckschildkröten findet auch an anderen Körperteilen ein erheblicher Gasaustausch statt. Dabei sind vor allem die paarigen Darmanhangblasen (Analblasen) zu

Um zu atmen, müssen Schmuckschildkröten auftauchen.

nennen, die in der Nähe der Kloake liegen.

Versuche, bei denen man Schmuckschildkröten an eine künstliche Nachtruhe gewöhnte, zeigten, daß sie während des Schlafens im Wasser nur periodisch die Augen öffneten, den Kopf anhoben und zum Luftholen auftauchten. Durchschnittlich betrug die Tauchzeit etwa eine Stunde, und für die Atmungszeit (Luftholen) wurden zwischen 30 Sekunden und 4 Minuten ermittelt.

Auch die Herztätigkeit schlafender Schildkröten war wesentlich geringer. Untergetaucht hatten sie eine mittlere Herzschlagrate von nur 40 % der von aufgetauchten Schildkröten. Bei 22 °C fiel nach dem Abtauchen der Herzschlag sofort auf das Minimum von 2,3 Schlägen pro Minute. Unter diesen Bedingungen lag der Sauerstoffverbrauch der Schmuckschildkröten bei 10 bis 15 ml Sauerstoff pro Kilogramm Körpergewicht.

Während des Tauchens nimmt die Wärmeproduktion des Schmuckschildkröten-Organismus deutlich ab. Innerhalb einer Tauchzeit von 20–25 Minuten geben die Tiere zwar ebensoviel Wärme ab wie nicht tauchende Schildkröten, jedoch sinken in ihrem Blut der Sauerstoffvorrat und der Vorrat an Atemluft rapide. Nach etwa 45 Minuten (bei 24 °C) sind die Sauerstoffreserven fast völlig verbraucht, und die Wärmeproduktion entspricht nur noch etwa 40 % des Ausgangswertes.

Die Konzentration des Restsauerstoffes im Blut und in der Lunge bleibt dennoch konstant. Offenbar halten Schmuckschildkröten bei langem Tauchen ihre Körpertemperatur vor allem durch anaerobe Stoffwechselprozesse, d. h. ohne Sauerstoffverbrauch, aufrecht, so daß sie im Wasser mit nur geringer Sauerstoffaufnahme über die Schleimhäute zurecht kommen. Mit sinkenden Temperaturen und dem starken Rückgang der Stoffwechselvorgänge wird nun verständlich, wie Schmuckschildkröten während der Winterstarre in einem so langen Zeitraum unter Wasser bleiben können. Es wird vermutet, daß in dieser Zeit im Gewebe der Tiere ebenfalls sauerstofffreie (anaerobe) Stoffwechselprozesse ablaufen.

Leider passiert es dennoch immer wieder. Wenn Schmuckschildkröten zu erschöpft sind, um an das Ufer zu kriechen, wenn sie sich in sperrigen Wurzeln, Reusen, zwischen Steinen oder anderen Hindernissen verfangen haben, ertrinken sie ebenso wie andere Lungenatmer.

Sonnenbaden

Unterwassersonnen

Eine der ausgeprägtesten Verhaltensweisen wasserbewohnender Schildkröten ist das Sonnenbaden. Bereits zum Ende der Winterruhe sind davon betroffene Schmuckschildkröten bemüht, an den Rand des Gewässers zu kriechen und sich im Flachwasserbereich den einfallenden Sonnenstrahlen auszusetzen. Dabei ist die Wirkung des Unterwassersonnens nur minimal. Denn das Sonnenbaden dient in erster Linie der Regulierung der Körpertemperatur. Bereits die geringfügig höhere Temperatur im Flachwasser-

Völlig trocken nach einem Sonnenbad

bereich ist für die Tiere so verlockend, daß sie ihr Winterversteck zwischen der Unterwasservegetation verlassen.

Sonnen an der Wasseroberfläche

Eine deutliche Steigerung ist das Sonnenbaden auf der Wasseroberfläche. Vor Zugriffen geschützt, treiben die Schmuckschildkröten so an der Wasseroberfläche, daß ein Teil ihres Rückenpanzers und der Kopf aus dem Wasser ragen, und die wärmenden Sonnenstrahlen aufnehmen können. Vor allem in wärmeren Gewässern kann dies den Schmuckschildkröten manchmal genügen, um ihren Körper auf Betriebstemperatur aufzuheizen.

Sonnenbad an Land

Die Steigerung und höchste Form des Sonnenbadens findet jedoch außerhalb des Gewässers statt. Hierzu klettern die Schmuckschildkröten auf aus dem Wasser ragende Baumstümpfe, Steine oder ähnliches. Es ist bemerkenswert, welche abenteuerlichen Gegenstände dabei erklommen werden können. Häufig bevorzugen sie bestimmte Plätze, so daß oft zahlreiche Schmuckschildkröten die gleiche Stelle aufsuchen. Nicht nur aus Platzmangel, sondern auch um die höchste Stelle zu erreichen, klettern die Tiere oftmals über-

Vorsichtig verläßt dieses Tier das Wasser.

An der Oberfläche treibend, tankt diese Rotwangen-Schmuckschildkröte etwas Sonne.

einander, wodurch vor allem kleinere Artgenossen im Vorteil sind. Denn die Größe und Masse der Schildkröten spielen für die Wärmegewinnung eine bedeutende Rolle. Kleinere Schmuckschildkröten heizen sich schneller auf als größere, kühlen andererseits aber auch schneller wieder ab.

Um die Sonnenstrahlung noch besser nutzen zu können, klettern die Tiere sogar an schräg aus dem Wasser ragenden Baumstämmen empor, so daß sie sich durchaus einen Meter und mehr über dem Wasserspiegel befinden können.

Schwimmhäute als Solaranlagen

Um einen möglichst großen Anteil der Körperfläche in einen günstigen Winkel zum Lichteinfall zu bringen, nehmen die Tiere häufig eine schräge Körperhaltung an. Oft strecken sie den Kopf und die Gliedmaßen weit ab. Halten sie sich mit den Vorderkrallen an ihrer Unterlage fest, dann bemühen sie sich um so mehr, ihre weit gespreizten Hinterbeine und -füße den Sonnenstrahlen auszusetzen. Dabei wirken die Schwimmhäute zwischen den Zehen wie Solaranlagen, denn hier wird das Blut dicht unter der Haut deutlich schneller erwärmt als an anderen Körperstellen.

Funktionen des Sonnenbades

Obwohl das Sonnenbaden vor allem der Temperaturregulierung des Körpers dient, kommt dem Sonnenbaden außerhalb des Gewässers auch eine hygienische Bedeutung zu. Durch das völlige Abtrocknen an der Sonne – auch zwischen den Hautfalten – werden an der Haut siedelnde Mikroorganismen abgetötet. Dabei wirkt auch das UV-Licht der Sonne keimtötend. Im übrigen schließen Schildkröten zum Schutz gegen das UV-Licht bei ihrem Sonnenbad auch oft die Augen. Haben Schmuckschildkröten im Aquaterrarium keine Möglichkeit zum völligen Abtrocknen, können gesundheitsschädliche Bakterien, Pilze o. ä. Hauterkrankungen hervorrufen. Panzerverletzungen oder unvollständige Panzer-„Häutungen“ ermöglichen es Krankheitserregern ebenfalls, sich in den Falten und Fugen einzunisten und sich zu vermehren, sofern dort auch ein feuchtwarmes Milieu herrscht. Daher bemühen sich vor allem betroffene Schmuckschildkröten, möglichst lange in der Sonne oder unter einem Wärmestrahler auszuharren.

Balzverhalten

Wozu dient Balzen?

Bei der Haltung einer gemischten Gruppe geschlechtsreifer Schmuckschildkröten kann man manchmal die Männchen bei der Balz beobachten.

Das Wort „Balz“ kommt aus der Verhaltensforschung (Ethologie)

Zum völligen Abtrocknen klettern nicht nur Schmuckschildkröten auf erhöhte Gegenstände.

und bedeutet soviel wie „Werbung" oder „Paarungsvorspiel". Es ist schon lange bekannt, daß sehr viele Tierarten vor der eigentlichen Paarung ein interessantes Balzverhalten zeigen. Einerseits stellen sie damit fest, ob die Auserwählte zur Paarung bereit ist. Zum anderen dienen unterschiedliche Balzverhalten auch als Barriere, damit es nicht zu Kreuzungen zwischen ähnlichen, aber artfremden Tieren kommt.

Auch bei Schmuckschildkröten kann man zwei sehr unterschiedliche Balzverhalten beobachten. Kommen beide Formen im gleichen Lebensraum vor, bildet das unterschiedliche Balzverhalten einen wirksamen Isolationsmechanismus.

Das Paarungsspiel

Sobald ein Schmuckschildkröten-Männchen eine mögliche Partnerin optisch (und am Geruch) erkennt, eröffnet es das für die Art typische Werbespiel. Das erste Balzmuster zeigen zum Beispiel die Zierschildkröten (Chrysemys picta), Buchstaben-Schmuckschildkröten (Trachemys scripta) und Antillen-Schmuckschildkröten (Trachemys terrapen). Dabei kann es durch die weite Verbreitung der Buchstaben-Schmuckschildkröte (Trachemys scripta) unter ihren sehr vielen Unterarten zu einigen Abweichungen im Balzverhalten kommen, auf die hier jedoch nicht näher eingegangen wird.

Die Füße dienen als Solaranlagen.

Gewöhnlich beginnt die Balz, indem das ruhig am Boden des Gewässers verharrende Weibchen frontal vom Männchen angeschwommen wird. Oft muß es das Weibchen erst einmal von hinten oder von der Seite umrunden. Ist es mit seiner Schnauze nur noch wenige Zentimeter von der Schnauze des Weibchens entfernt, bleibt es ebenfalls auf der Stelle „stehen".

Während das Hinterteil des Körpers langsam abhebt, bleibt der Kopf weiterhin der möglichen Partnerin zugewandt. Nun streckt das Männchen seine Vorderbeine mit den verlängerten Krallen nach vorne und versucht, damit die Kopfseiten des Weibchens zu berühren. Dabei führt es mit den „Händen" zitternde Bewegungen aus. Ist das

Balzmuster bei Schmuckschildkröten

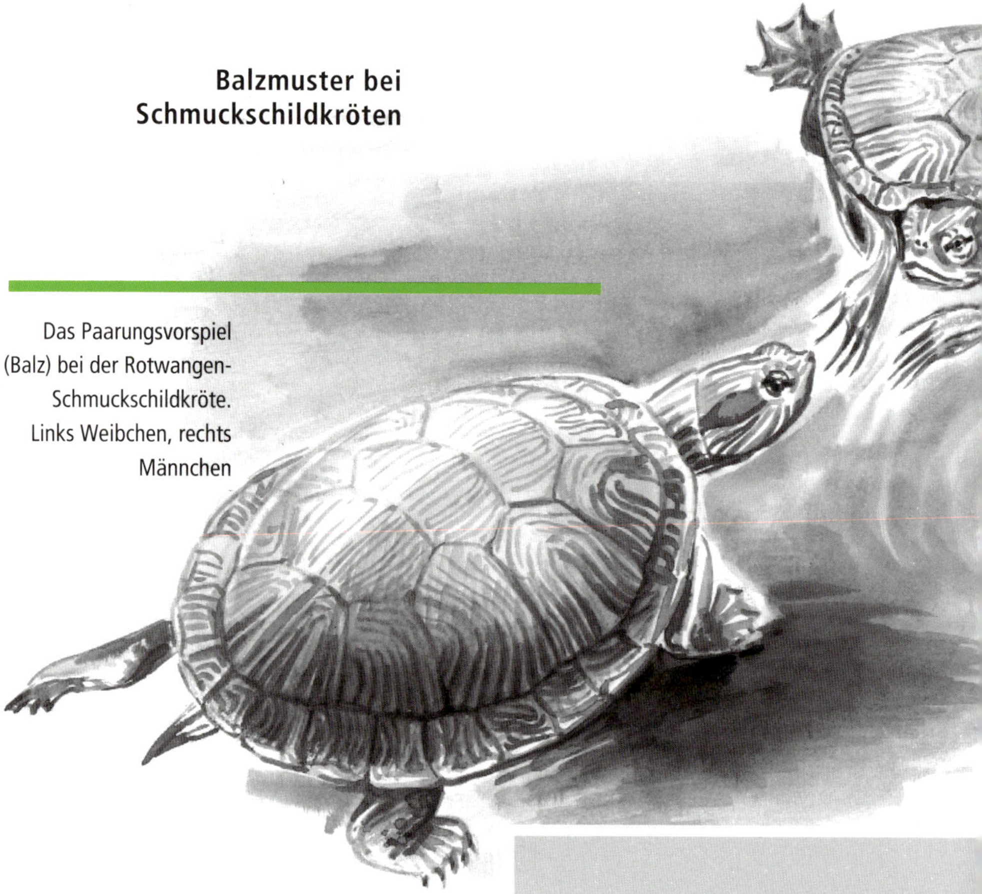

1

Das Paarungsvorspiel (Balz) bei der Rotwangen-Schmuckschildkröte. Links Weibchen, rechts Männchen

Ein Männchen sucht nach einem Weibchen.

Männchen noch weiter vom Kopf des Weibchens entfernt, können sich die Krallenspitzen vor dem Kopf des Weibchens berühren. Ist es dicht am Weibchen, streicheln oder klopfen die Krallen über bzw. gegen dessen Wangenregion. Hält das Weibchen dabei still und versucht nicht zu fliehen, zeigt es seine Paarungsbereitschaft. Denn das Balzverhalten ist für das Weibchen

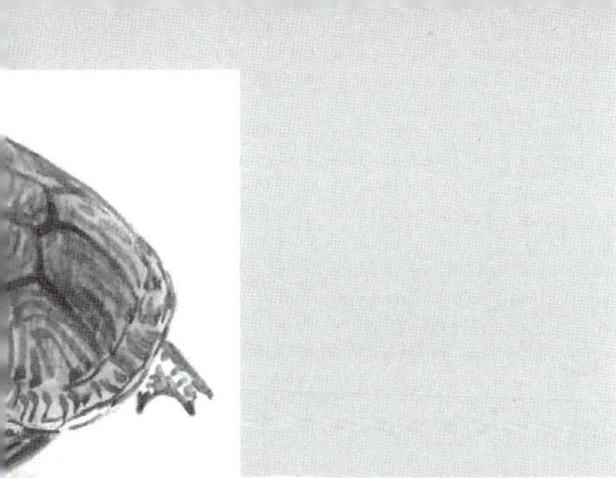

2

Bei Hieroglyphen-Schmuckschildkröten schwimmt das Männchen über den Rückenpanzer des Weibchens.

ein Schlüsselreiz. Bald reitet das Männchen auf, und das Weibchen duldet die Paarung, bei der das Männchen seinen Penis fest in der Kloake des Weibchens verankert.

Das zweite Balzmuster ist bei der Hieroglyphen-Schmuckschildkröte (*P. concinna*), Florida-Schmuckschildkröte (*P. floridana*) und Rotbauch-Schmuckschildkröte (*P. rubriventris*) zu beobachten. Hier verfolgt das Männchen ein Weibchen, schwimmt über ihren Rückenpanzer langsam nach vorne und bleibt darüber „stehen". Nun führt es ebenfalls die verlängerten Krallen nach vorne und streichelt oder beklopft die Kopfseiten der Auserwählten – Liebkosungen auf Schildkrötenart. Hält auch sie still, signalisiert sie damit dem Männchen ihre Paarungsbereitschaft.

Stationen im Leben einer Schmuckschildkröte

Pseudemys rubriventris nelsoni

Wie alle anderen Schildkröten verändern auch Schmuckschildkröten im Verlauf ihres Lebens ihre Gestalt. Dies wird vor allem in der Veränderung ihres Panzers deutlich. Dabei kann man drei deutliche Phasen unterscheiden:

Die Schlüpflingsphase

In der Schlüpflings- oder Neonatusphase ist der Panzer noch sehr weich und beweglich, er hat einen ovalen, fast kreisförmigen Umriß. Die Oberfläche ist glatt und höchstens mit einem Mittelkiel ausgestattet. Der hintere Panzerrand ist glatt. Ein typisches Jugendkleid ist vorhanden: Es ist deutlich farbintensiver und kontrastreicher als bei erwachsenen Tieren. Geschlechter sind nicht zu unterscheiden!

Die jugendliche Phase

In dieser Phase, die auch juvenile Phase genannt wird, wird der Panzer härter und starrer. Der Panzerumriß wird durch Streckenwachstum länglicher. Der Panzerrand ist

Chrysemis picta belli

nun hinten mehr oder weniger deutlich gesägt. Entlang der Rückenmitte zieht ein Kiel, der manchmal auch leicht höckerig ist. Die sekundären Geschlechtsmerkmale sind erkennbar. Ihre Färbung und Zeichnung wandelt sich in Richtung Erwachsenen-

kleid. Farbkontraste und Zeichnung werden reduziert oder verblassen, auch auf dem Bauchpanzer!

Die Altersphase

Der Panzer ist in der sogenannten Adultaphase starr und fest. Er hat die arttypische Form und Gestalt erreicht (länglich-oval mit deutlicher Verbreiterung im hinteren Bereich). Der Kiel ist verschwunden bzw. fast verschwunden (manchmal noch im hinteren Bereich angedeutet). Die Geschlechter sind deutlich zu unterscheiden (Größenunterschied, sekundäre Geschlechtsmerkmale, siehe Seite 17).

Insbesondere bei alten Exemplaren sind kaum noch Ähnlichkeiten mit dem Schlüpflings- bzw. Jugendkleid erkennbar. Die Färbung ist verblaßt oder viel dunkler und macht einem Alterskleid Platz. Vor allem *P. floridana* und *T. terrapen* haben in diesem Stadium häufig nur noch einfarbig braune oder graue Panzer.

Leider werden die meisten Schmuckschildkröten nach einiger Zeit weitergegeben oder sterben aufgrund unsachgemäßer Haltung. Daher ist es kaum bekannt, wie alt die Tiere überhaupt werden können. Man rechnet aber damit, daß sie in der Natur im günstigsten Fall ein Lebensalter von über 40 Jahren erreichen können.

Versuche zeigten, daß das Längenwachstum der Schmuckschildkröten in der Natur erst dann ein-

Auch Schmuckschildkröten zeigen Grazie.

Warum paddeln sie vor der Scheibe?

Das Vorurteil „Schildkröten sind dumm" konnte sicherlich anhand der vorangegangenen Zeilen ausgeräumt werden. Diese Wildtiere, deren Dasein auf unserer Erde bereits über 200 Millionen Jahre andauert, sind an ihre Lebensräume optimal angepaßt, und das Modell „Schildkröte" konnte sich über einen so langen Zeitraum in der Natur behaupten.

In Menschenobhut bleiben Schmuckschildkröten auch weiterhin Wildtiere. Leben sie in einer Freilandanlage, in der sie nur selten gestört werden, „verwildern" sie bald wieder und flüchten bei Annäherung eines Menschen blitzschnell. Im Zimmerterrarium dagegen lernen sie recht schnell ihren Pfleger kennen und von anderen Menschen unterscheiden. Kommt der Pfleger in den Raum, in dem das Terrarium steht, kommen die Schmuckschildkröten oft an die Frontscheibe geschwommen und machen vor diesem Hindernis paddelnde Bewegungen. Sie haben nämlich gelernt, daß nach dem Erscheinen des Pflegers häufig ein besonders großes Angebot an Nahrung vorliegt. Wenn das kein Grund zum Betteln ist – was dann?

Zwei Schildkröten betteln um Futter.

setzt, wenn die Wassertemperatur nicht mehr unter 15 °C sinkt. In der Natur wird dies vor allem im Norden des Verbreitungsgebietes nur einige Monate gewährleistet. In Menschenobhut werden Schmuckschildkröten oft ganzjährig bei gleichbleibenden, oft zu hohen Temperaturen gehalten. Dies hat zur Folge, daß es zu Panzerdeformationen oder Proportionsveränderungen kommt. Der natürliche Jahreshythmus mit den entsprechenden Licht- und Temperaturverhältnissen sorgt auch für das harmonische Wachstum eines normalen Panzers.

Die Winterstarre

Um nicht dem Kältetod zu erliegen, bemühen sich Schmuckschildkröten, rechtzeitig eine frostsichere Stelle aufzusuchen. Instinktiv graben sie sich an Land in lockeres Erdreich, in lockere, tiefgründige Laubhaufen oder verbergen sich am Grund eines Gewässers. Dort verharren sie zwischen größeren Steinen. Noch lieber überwintern sie jedoch zwischen der dichten Unterwasservegetation.

Eine weitere Möglichkeit, sich zu verstecken, bilden Schlamm- oder Mulmschichten am Gewässergrund. Bald fallen sie in eine Starre, die nur noch geringfügige Bewegungen zuläßt – und der Kreislauf und Stoffwechsel sind auf ein Minimum reduziert.

In ihrem natürlichen Lebensraum finden Schmuckschildkröten viele geschützte Stellen zwischen der Ufervegetation, die sich zum Überwintern eignen.

Wasserschildkröten können sich ohne Hilfe vom Rücken wieder auf den Bauch drehen .

Im Frühjahr, nach dem Ansteigen der Wassertemperatur, selbst wenn noch eine Eisdecke vorhanden ist, verlassen die betroffenen Schmuckschildkröten oft schon ihr Winterquartier und können bereits am Gewässergrund herumwandern. Bei Zierschildkröten (Chrysemys picta) wurde sogar beobachtet, daß sich mehrere Exemplare im Flachwasserbereich bei 4 °C unter der dünnen Eisdecke den Sonnenstrahlen aussetzten. Bei diesen Temperaturen werden jedoch noch keine allzu großen Aktivitäten möglich. Erst bei einer Wassertemperatur von 8 bis 11 °C beginnen Zierschildkröten mit den ersten Aktivitäten. Sie versuchen nicht nur erstmals Nahrung aufzunehmen, sondern es sind bereits auch die ersten Balzspiele zu beobachten.

Aktivitätsbeginn

Da aufgrund des großen Verbreitungsgebietes diese Temperaturen örtlich zu unterschiedlichen Zeiten erreicht werden, verschiebt sich der Beginn dieser Aktivitäten von Norden nach Süden. Vermutlich gelten diese Auslösetemperaturen nicht für alle Schmuckschildkröten gleich. Bei Florida-Rotbauch-Schmuckschildkröten (P. nelsoni) konnte man nachweisen, daß sie im Vergleich mit anderen Arten des

gleichen Lebensraumes höhere Temperaturen benötigen.

„Frühlingsgefühle"

Nach Beendigung der Winterruhe beginnen für Schmuckschildkröten auch die sexuellen Aktivitäten. Da dies für alle Artgenossen im Gewässer gleich gilt, werden durch den Wechsel Winterstarre/Aktivitätszeit die Männchen und Weibchen zur gleichen Zeit aktiv. Arten aus tropischen und subtropischen Regionen müssen keine Winterstarre einlegen, da die Temperaturschwankungen innerhalb eines Jahresverlaufes nur geringfügig sind. Bei diesen Arten werden die sexuellen Aktivitäten vor allem durch den Wechsel von Trocken- und Regenzeiten gesteuert.

Das Frühjahr lockt die Schmuckschildkröte aus ihrem Winterquartier, und sie genießt die wärmenden Sonnenstrahlen.

Kosmos-Service

Zum Weiterlesen

Allgemeines

Dost, U.: Das Kosmos-Buch der Terraristik. Stuttgart 2000.

Ernst, C. H. & R. W. Barbour: Turtles of the World. Smithsonian Institution Press, Washington D.C. / London 2000.

Fröhlich, F.: Wunderschöne Schmuckschildkröten. Stuttgart 2003.

Obst, F. J.: Schmuckschildkröten. Die Gattung Chrysemys. Heidelberg 1985.

Patterson, J.: Rotwangen-Schmuckschildkröten. Ruhmannsfelden 1995.

Praschag, W.: Schmuckschildkröten. Stuttgart 1997.

Rogner, Manfred: Terraristik. Stuttgart 2002.

Rogner, Manfred: Wasserschildkröten. Stuttgart 2003.

Rogner, Heidi: Landschildkröten. Stuttgart 2001.

Ulber, E.: Ratgeber Wasser- und Landschildkröten. Ruhmannsfelden 1996.

Van Kampen, T.: Grundkurs Terrarium. Stuttgart 2003.

Gesundheit

Altmann, R. et al.: Turtle-associated salmonellosis: II. The relationship of pet turtles to salmonellosis in children in New Jersey. American Journal of Epidemiology 95/1972, 518–520.

Belkin, D. A.: Anaerobiosis in diving turtles. Physiolog 5/1962, S. 105.

Belkin, D. A.: Variations in heart rate during voluntary diving in the turtle Pseudemys concinna. Copeia 1964, 321–330.

Bundesministerium für Ernährung, Landwirtschaft und Forsten, Ref. Tierschutz (Hrsg.): Gutachten über Mindestanforderungen an die Haltung von Reptilien vom 10. Januar 1997.

Cohen, M. L. et al. : Turtle-associated salmonellosis in the United States. Effect of public health action. 1970–1976. JAMA 24, 3/1980, 1247–1249.

Jackson, D. C. & K. Schmidt-Nielsen : Heat production during diving in the fresh water turtle, Pseudemys scripta. J. Cell. Physiol. 67/1966, 225–231.

Jackson, D. C. & K. Schmidt-Nielsen: Metabolic depression and oxygen depletion in the diving turtle. J. appl. Physiol. 24/1968, 503–509.

Jackson, D. C. & K. Schmidt-Nielsen: The effect of temperature on ventilation in the turtle Pseudemys scripta elegans. Respir. Physiol. 12/1971, 131–140.

Köhler, G.: Krankheiten der Amphibien und Reptilien. Offenbach 1996.

Kölle, Petra: Reptilienkrankheiten. Stuttgart 2002.

Lamm, S. H. et al.: Turtle-associated salmonellosis. I. An estimation of the magnitude of the problem in the United States 1970–1971. American Journal of Epidemiology, 95/1972, 511–517.

Hallo Kids!

Diese Kästen sind für Euch! Hier findet Ihr interessante Infos rund um die Schmuckschildkröten. Auf S. 16 steht, wie alt die Tiere werden können und auf S. 95, wie schnell sie wachsen. Ihr könnt Euren Schildkröten selbst einen „Schildkrötenpudding" zubereiten – auf S. 54 findet Ihr das Rezept. Und warum Schmuckschildkröten freudig vor der Scheibe paddeln, wenn Ihr ins Zimmer kommt, könnt Ihr auf S. 114 nachlesen. Schmuckschildkröten haben die Menschen schon immer fasziniert, welche Bedeutung sie z. B. für die Indianer haben, erfahrt Ihr ab S. 5. „Schmuckschildkröten-Latein" gibt es auf S. 18/19, und damit es Euren Tieren immer rundum gut geht, findet Ihr auf S. 52 eine Tabelle mit den besten Leckerbissen und auf S. 64 einen Gesundheits-Check.

Verhalten

Gibbons, J. W.: Life History and Ecology of the Slider Turtle. Smithsonian Institution Press, Washington D.C./London 1993.

Hayes, W. N. & E. I. Saiff: Visual alarm reactions in turtles. Animal Behaviour 15/1967, 102–106.

Holmes, P. A. & M. E. Bitterman: Spatlal and visual habit reserval in the turtle. J. comp. Physiol. Psychol. 62/1966, 328–331.

Spigel, I. M. : Runnning speed and intermediate brightness discrimination in the fresh water turtle (Chrysemys). J. comp. Physiol. Psychol. 56/1963, 924–928.

Zucht

Rogner, M.: Schildkröten 1. heiro-Verlag, Hürtgenwald 1995.

Rudolff, H.-W.: Schildkröten. Urania-Verlag, Leipzig 1990.

Zeitschriften

DATZ Aquarien Terrarien. Eugen Ulmer Verlag, Stuttgart.

REPTILIA Terraristik-Fachmagazin. Natur und Tier-Verlag, Münster.

Nützliche Adressen

Deutschland

- Deutsche Gesellschaft für Herpetologie und Terrarienkunde (DGHT) e.V.
  DGHT-Geschäftsstelle

Postfach 1421
Locher Str. 18
D-53351 Rheinbach (Briefpost)
D-53359 Rheinbach (Büro)

Verband Deutscher Vereine für Aquarien- und Terrarienkunde (VDA) e.V.
Geschäftsstelle
Hans und Ingrid Stiller
Luxemburger Str. 16
D-44789 Bochum

Österreich

Österreichische Gesellschaft für Herpetologie
c/o Naturhistorisches Museum
Burgring 7
A-1014 Wien

Schweiz

Schildkröten-Interessengemeinschaft Schweiz (SIGS)
Postfach 2
CH-8225 Siblingen

Register

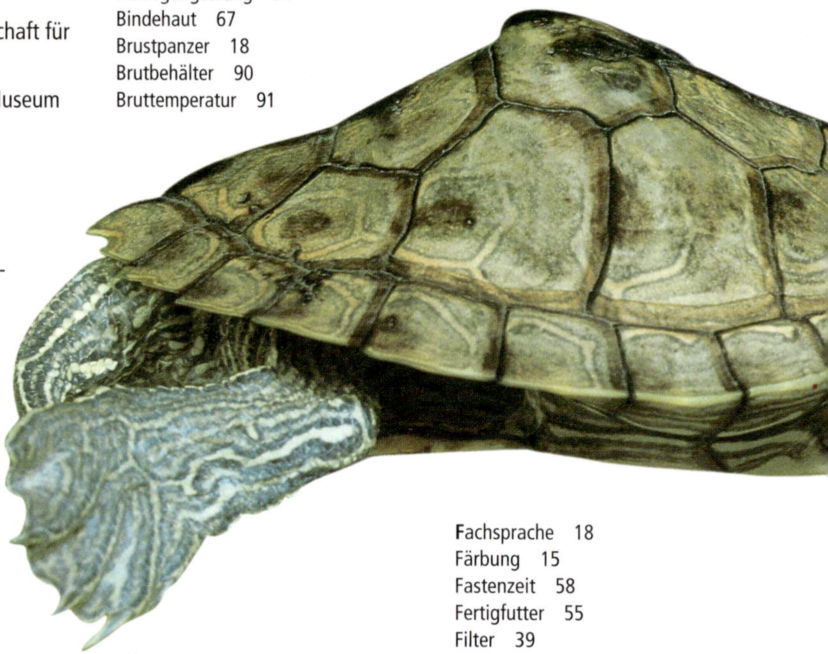

Danksagung

Autor und Verlag bedanken sich bei Frau Dr. Petra Kölle für die fachliche Durchsicht des Kapitels „Natürlich gesund".

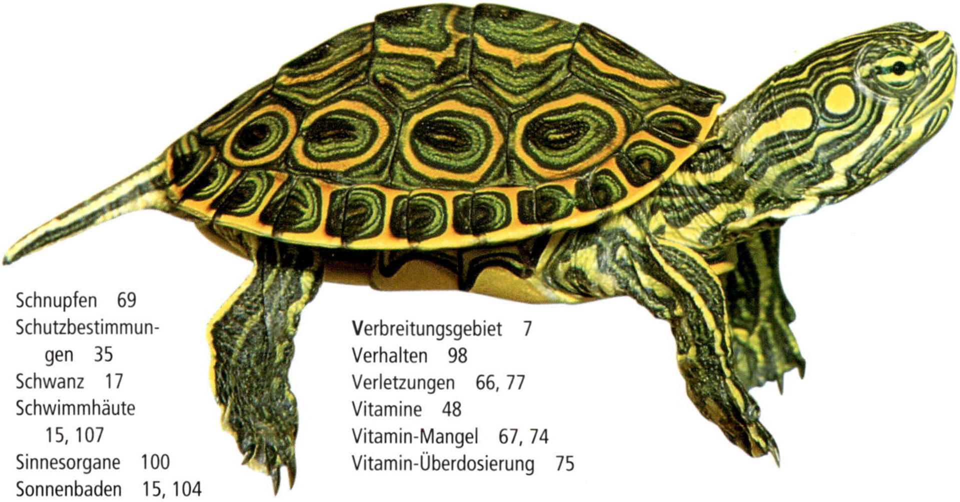

Bildnachweis

Juniors Bildarchiv (6: S. 42, 47, 68, 76, 77, 125); Burkhard Kahl (50: Inhalt 2x, S. 1, 5o+u, 13, 17, 18o+u, 30/31, 32, 35, 38, 39, 46, 50, 51, 52, 54, 61, 64, 66, 67, 69o+u, 72/73, 74, 75o+u, 80, 81, 92/93, 94, 99, 100, 103, 110, 112o+m, 113, 114, 116r+l, 118, 120, 122, 127, 128); Rudolf König (12: vordere Klappe ur, S. 6/7, 9, 10/11, alle 5, 45, 55, 117u, hintere Klappe ur); Regina Kuhn (6: vordere Klappe ol+or, S. 12, 41, 101, 116); Kerstin und Werner Layer (4: S. 16, 96/97, 105o, 109); Horst Mayer (3: S. 16, 33, 118); Reinhard Tierfoto (21: Inhalt 2x, vordere Klappe ul, S. 2/3, 4, 8, 19, 37, 48, 57, 62/63, 65, 82/83, 88, 91, 105u, 107, 117o, 123, hintere Klappe ol+ul); Manfred Rogner (41: Inhalt 1x, vordere Klappeo, S. 8u, 21–29 alle 18, 53o+u, 59, 60o+u, 70, 71, 78,79, 84, 86, 87, 90, 95, 98, 106o+u, 108, 112u, 115).
Mit 20 sw-Illustrationen von R. Scharp (S. 18), W. Weiß (S. 40/41, 44/45, 92/93, I. Engelhard (S. 50/51) und M. Golte-Bechtle (S. 89, 110/111).

Tierpass für meine Schmuckschildkröten

Name

Schlupf-Dat. Geschlecht

gekauft am / bei

Art

Größe beim Kauf Gewicht beim Kauf

bes. Merkmale

Erkrankungen

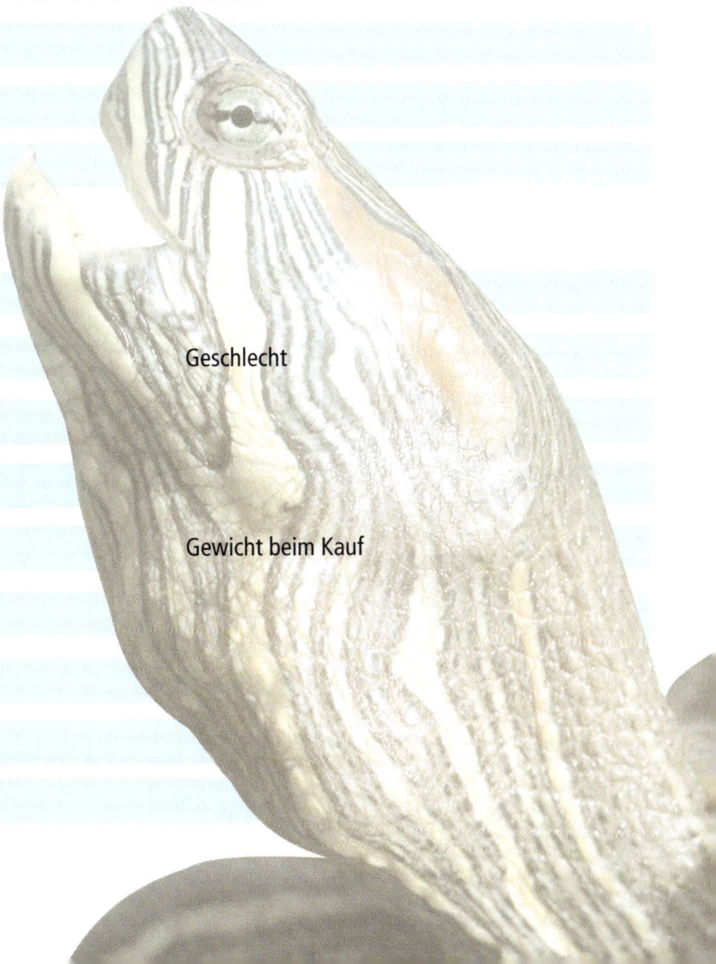

Name

Schlupf-Dat. Geschlecht

gekauft am / bei

Art

Größe beim Kauf Gewicht beim Kauf

bes. Merkmale

Erkrankungen

Tierpass für meine Schmuckschildkröten

Name

Schlupf-Dat. Geschlecht

gekauft am / bei

Art

Größe beim Kauf Gewicht beim Kauf

bes. Merkmale

Erkrankungen

Wichtige Adressen

Zoofachhandlung

Tierarzt

Verein

Notdienst

Extra

Das Schmuckschildkröten-Wohlfühl-Programm

tägliche Pflegemaßnahmen

- ○ Jungtiere füttern.
- ○ Futterreste und Kot abkeschern.
- ○ Verdunstetes Wasser nachfüllen.
- ○ Wasser- und Lufttemperatur kontrollieren.
- ○ Schildkröten beobachten, dabei auf den Gesundheitszustand achten.

wöchentliche Pflegemaßnahmen

- ○ Halbwüchsige Tiere 3–4mal, erwachsene Tiere 2mal pro Woche füttern.
- ○ Jungtiere wiegen und messen.
- ○ Wochenration Gelatinefutter auftauen, danach aber weiter kühl lagern.
- ○ Teilwasserwechsel – tauschen Sie 50 % des alten Wassers gegen frisches aus.
- ○ Algen und Wasser-/Kalkflecken von Steinen und Hölzern entfernen. Verwenden Sie nur klares Wasser und schrubben Sie die Gegenstände notfalls mit einer Bürste ab.
- ○ Wenn Sie ein Gelege haben, die Eier auf Schimmel kontrollieren und evtl. befallene oder verfärbte Eier entfernen.

halbjährliche Pflegemaßnahmen

- ○ Vollständiger Wasserwechsel. Lassen Sie alles Wasser aus dem Becken und reinigen Sie es gründlich.
- ○ Filter reinigen und die Filterfüllung erneuern.
- ○ Sämtliches Zubehör, das mit den Tieren oder dem Wasser in Kontakt kommt, reinigen.
- ○ Alle Schildkröten messen und wiegen, Größe und Gewicht notieren.

vor der Winterruhe

- ○ 3–5 Fastentage, damit sich der Verdauungstrakt komplett entleeren kann.
- ○ Wasser- und Lufttemperatur auf 18–20 °C senken.
- ○ Tiere in den Überwinterungsbehälter überführen.
- ○ Schmuckschildkröten bei 5–10 °C im Dunkeln überwintern.

nach der Winterruhe

- ○ Luft- und Wassertemperatur allmählich auf 18–20 °C erhöhen.
- ○ Tiere in das Zimmeraquarium setzen.
- ○ Nach einem Tag die Wassertemperatur allmählich auf 25 °C erhöhen.
- ○ Mit der Fütterung beginnen.

Impressum

Umschlaggestaltung von Atelier Reichert, Stuttgart, unter Verwendung von 2 Farbaufnahmen von Burkard Kahl (U1) und Reinhard Tierfoto (Pentagramm).

Mit 143 Farbfotos und 20 Schwarzweißillustrationen.

Unser gesamtes lieferbares Programm und viele weitere Informationen zu unseren Büchern, Spielen, Experimentierkästen, DVDs, Autoren und Aktivitäten finden Sie unter **www.kosmos.de**

Bitte beachten

Alle Angaben in diesem Buch sind sorgfältig geprüft und geben den neuesten Wissensstand bei der Veröffentlichung wieder. Da sich das Wissen aber laufend weiterentwickelt und vergrößert, muß jeder Anwender selbst prüfen, ob die Angaben nicht durch neuere Erkenntnisse überholt sind. Dazu muß er z. B. bei Behandlungsvorschlägen den Tierarzt konsultieren, Beipackzettel zu Medikamenten lesen, Gebrauchsanweisungen und Gesetze befolgen.

2. Auflage

ISBN 978-3-440-10270-1
Lektorat und Bildredaktion:
Ute-Kristin Schmalfuß, Claudia Sträb
Grundlayout: Atelier Reichert, Stuttgart
Printed in Germany/Imprimé en Allemagne

Kleines Schmuckschildkröten-Lexikon

Analblasen
Analsäcke, Darmanhangblasen. Dünnwandige, gut durchblutete, paarige Ausstülpungen der Kloakenwand, die in den Kloakenraum munden und druch den After aktiv mit Wasser gefüllt werden können. Viele Süßwasserschildkröten haben Analblasen. Sie dienen offensichtlich als zusätzliches Atmungsorgan (sog. physiologische Kiemen), vor allem während der Überwinterung am Gewässergrund. Außerdem können sich die Schildkröten durch Füllen oder Entleeren der Analblasen im Wasser austarieren. Ihr Inhalt wird häufig vor der Eiablage zum Aufweichen der Erde beim Graben der Nestgrube verwendet.

Areole
Mittelfeld eines jeden Hornschildes des Rücken- und Bauchpanzers, um das sich in konzentrischer Anordnung Wachstumsstreifen anlagern.

Chelonologie
Dies ist der Fachbegriff für Schildkrötenkunde.

Cryptodira
Halsberger. Mit etwa 175 Arten ist dies die formenreichste Unterordnung der Schildkröten (Testudines). Sie fehlt in Australien, kommt aber sonst überall auf der Welt vor. Die Mehrzahl der hierzu gehörenden Arten lebt auf dem Land, die übrigen im Süßwasser wie die Schmuckschildkröten, aber auch im Brack- und Meerwasser. Namensgebend ist, daß diese Schildkröten ihren Kopf durch das S-förmige Krümmen der Halswirbelsäule in senkrechter Ebene in den Panzer einziehen können. Anschließend schützen sie den Kopf durch das Anlegen der Vordergliedmaßen an die vorderen Panzeröffnungen.

Emydidae
Sumpfschildkröten. Diese Familie der Cryptodira umfaßt etwa 80 Arten. Sie sind in den wärmeren Gebiete der Erde, außer Australien, Ozeanien, Afrika südlich der Sahara und Madagaskar verbreitet, besonders artenreich in Südost-Asien und Amerika. Auch Schmuckschildkröten gehören zu dieser Familie.

Fontanellen
Knochenlücken. Bei Schildkröten befinden sie sich zwischen den einzelnen Platten des Knochenpanzers. Sie schließen sich jeweils während der Wachstumsperiode.

Fossile Art
Damit sind vorzeitliche Arten gemeint, die inzwischen ausgestorben sind. Das Gegenteil davon sind die heutigen, rezenten Arten. Der Begriff „lebende Fossilien" geht auf Darwin zurück. Gemeint sind Formen, die erdgeschichtlich lange Epochen weitgehend unverändert bis heute überdauert haben, wie z.B. zahlreiche Schildkrötenformen.

Gelege
Die Summe der von einem Weibchen an einem Ort abgelegten Eier. Schildkröten graben vor der Eiabla-